RECIT
VERITABLE
DE CE QVI S'EST
FAIT ET PASSÉ EN LA
demiſſion de la Superieure du
Monaſtere de ſaincte Vrſulle de
la ville de Dijon, en l'année 1623.

A PARIS,
Chez FRANÇOIS POMERAY, rue
ſainct Iacques, à la Pomme d'or.

M. DC. XXIIII.

RECIT VERITABLE DE
ce qui s'est fait & passé en la demission de la Superieure du Monastere de saincte Vrsulle de la ville de Dijon, en l'annee mil six cens vingt-trois.

LEs contrauentions faites aux Bulles, Regles, Statuts & Constitutions des Religieuses du Monastere de saincte Vrsulle de la ville de Dijon leur ont donné de grandes afflictions & aduersitez, pour raison desquelles. Prosternées aux pieds de la Croix de I E S V S, il leur a enseigné la beatitude de ceux qui endurēt des persecutions à cause de la Iustice, ausquels appartient le Royaume des Cieux, & par sa misericorde & clemen-

A ij

ce infinie a donné la vertu de patience,
ainfi qu'il auoit fait à Iob fon bon ferui-
teur. Soubz la faueur de laquelle lefdites
Religieufes ont receu cesaduerfitezpour
des dons celeftes & exercices a leur
conftance. Cefte vertu eft appelee par
Platon, *Vne habitude à fupporter genereufe-
ment tous labeurs & douleurs pour l'amour de
l'honneʃteté.* Et Euripide dit, *Que le combat
de la patience eʃt tel, que le vaincu eʃt meilleur
que le vainqeur.* Par ces diuines armes lefdites Religieufes ont conferué le droiƈt
d'eflection d'vne Superieure porté par
leurfdits Statuts, qui font côformes aux
fainƈts Côciles, Canôs & Ordônáces de
fa Saincteté, laquelle ne priue iamais les
Religieufes des eflections, encores qu'é
icelles il y arriue du defordre, pour plufieurs grandes & importátes confidera-
tions, ainfi qu'a remarqué Emanuël Ro-
dericq, *qu. regu. to. 2. 4. 54.* Dont ayant rendu actions de graces, benedictions &
loüanges à la diuine Majefté, elles auoiĕt
reduit la memoire de ces differĕds dans
le filence, pour auec plus de perfection
rechercher les voyes de beatitude qu'A-
riftote definit en la comtemplation des
chofes hautes & Celeftes. Lefquelles in-

tétions desdites Religieuses, pour la cõ-
seruation de leursdites Regles & Statuts
qui sont meritoires, ont esté neãtmoins
receuës par plusieurs persõnes de diuerses qualitez pour des desobeïssances à
leur superieur, mesmes par la consideration de la forme qui a esté tenuë en la
demission de Sœur Ieanne Masoyer de la
Mere de Dieu, Superieure, & expulsion
d'icelle dudit Conuent : Au moyen dequoy les protecteurs de ladite maison diuinement inspirez ont esté contraincts
d'imterrompre le silence desdites Religieuses, pour representer sommairemét
& veritablement ce qui s'est passé ausdites contrauentiõs des Regles & Statuts
dudit Monastere, afin que l'innocéce de
ladite Superieure & desdites Religieuses
estãt manifestee à vn chacun, les faux &
calomnieux blasmes qu'on leur à dõnez
soient chãgez en de vrayes loüãges pour
l'honneùr & gloire de Dieu, & de son
Eglise.

Et pour y paruenir il est necessaire de
cõmencer à l'establissemét desdites Religieuses en ladite ville de Dijon, qui fut
en l'ãnee 1619. en vertu de la Bulle du Pape Paul V. dõnee à Tusculle le 21. de May

audit an, ſous les regles de S. Auguſtin,
& des ſtatuts & conſtitutions qui furent
approuuez par Monſeigneur le Reuerē-
diſſime Eueſque de Langres, Duc & Pair
de France leur ſuperieur, auquel leſdites
Religieuſes ont touſiours rēdu l'hōneur
& obeyſſāce qui luy appartenoit par leſdites Bulles & Regles dudit Monaſtere,
lequel par la grace de Dieu a receuvn tel
progrez, qu'il eſt à preſent remply d'vn
grand nombre de Religieuſes, dōt aucunes ſont iſſuës des plus ſignalées maiſōs,
tant de la Nobleſſe, que Officiers de la
prouince de Bourgōgne, & de pluſieurs
ieunes filles eſcolieres qu'elles inſtruiſēt
en la cognoiſſāce de Dieu, à lire, eſcrire,
& autres arts & ouurages conuenans à
leurs conditions, charitablement, & ſans
aucune vtilité, attendu que l'ignorāt ſera
ignoré, & que S. Paul citoyen Romain a
appris l'art de tiſſure lors qu'il eſtoit du
nōbre des Apoſtres de noſtre Seigneur.
Ce que Platon a prudēment repreſenté,
diſant. *Que le parfait office de l'hōme eſt qu'il
cognoiſſe ſa nature, contemple la Diuinité, &
trauaille aux choſes qui pourront le plus profiter
à tous les hommes.*

En executiō deſquelles Regles & cō-

ſtitutions,qui permettent auſditesReli-
gieuſes d'élire vne ſuperieure pour trois
ans, leſquels expirez les Sœurs doiuent
proceder à nouuelle eſlectiõ,ſi mieux elles n'aimẽt la continuer pour ſemblable
temps,qui eſt ſuiuant l'ordonnance du
Roy Charles IX.és Eſtats d'Orleãs,n'e-
ſtant pas bon,comme dit Homere, que
pluſieurs commandent,ains vn ſeul.

Leſdites Religieuſes capitulairemãt aſ-
ſẽblees le 18.deSeptẽbre 1622.ladité Me-
reMaſoyer ſuperieure,remõſtra qu'ayãt
fait ſçauoir ſuiuãt la teneur de leurscou-
ſtumes,audit Seigneur Reuerend Eueſque,qu'au 28.dudit mois de Septẽbre il
deuoit eſtre procedé à l'eſlectiõd'vneſu-
perieure, attẽdu que le tẽps de ſa charge
finiſſoit audit iour , & qu'à cet effect il
luy pleuſt deputer quelqu'vn,pour auec
le pere Directeur dudit Monaſtere receuoir les ſuffrages desReligieuſes.que ledit Seigneur luy auoit fait reſpõce qu'il
deſiroit de ſe trouuer à ladite eſlectiõ, &
d'autãt qu'il luy eſtoit arriué affaires im-
portãtes pour leſquelles il auoit eſté cõ-
traint deſortir de ſonDiocese requeroit
leſdites Religieuſes de ſupplier mõſieur
ſon Vicaire general d'aſſiſter à ladite eſ-

A iiij

lection, ou députer tel qu'il luy plairoit pour s'y trouuer : ce qu'ayant esté iugé raisonnable, il fut supplié par requeste d'agreer ledit acte, & pouruoir à ce qu'il fust procedé sans delay à ladite elle-ction au temps susdit.

Ledit acte & requeste furēt ptesētez audit sieur Vicaire general, & au sieur grād Prieur de sainct Benigne, Directeur dudit Cōuēt, lequel de l'aduis & cōsentement dudit sieur grād Vicaire, permit ausdites Religieuses de s'asēbler pour estre procedé à ladite ellectiō: ce qu'ayātesté fait, & inuoqué le S. Esprit, auec les prieres ordinaires & les suffrages receus par ledit Sr. Directeur, ladite Sœur Masoyer fut cōtinuee superieure pourtrois ans, & par luy declaree telle, auec cōmādemēt ausdites Religieuses d'obeyr à ladite Mere.

Ce choix ne se peut rapporter qu'à la volōté de Dieu, & à la vertu & prudēce de ladite Superieure; laquelle vertu selō les Philosophes, est vne disposition & puissance de la partie raisonnable de l'ame. Socrate interrogé de la felicité d'vn Roy, respondit qu'il n'en pouuoit rien dire, ne sçachant ce qu'il auoit de vertu. Et plusieurs sages ont esté d'opiniō qu'il

n'y auoit que le seul vertueux libre, &
bien-heureux. Et quant à la prudéce qui
estoit en ladite Mere, le mesme Socrate
l'appelle vertu generale, Princesse & gui-
de des vertus morales, en laquelle confi-
ste le souuerain bien, & les moyens pour
y paruenir, il dit encores que l'ame gui-
dee par la prudence téd à la felicité sous
la faueur desquelles perfections, ladite
Masoyer fut cõtinuee en ladite charge,
& approuuée par ledit sieur Directeur.

Ce Cõuét n'a rien de cõmun auec ceux
du mesme Ordre, de Langres, Chaumõt
& Chastillon, les Religieuses desquels
Monasteres de Langres & Chaumont,
ont de grands procez & differends en la
Court de Parlement de Paris, cõtre ledit
Seigneur Reueréd Euesque, pour la con-
seruatiõ de leurs regles & statuts, & sont
apellantes comme d'abus de ses decrets
& ordonnances faits au preiudice desdites regles. Neantmoins il a desiré d'vnir
lesdits Conuens, & establir vne Prouin-
ciale sur iceux, par le moyen de laquelle
il obtiendroit vne authorité absoluë sur
tous lesdits Monasteres, nonobstant les
regles & statuts d'iceux.

Et à cét effet sœur Françoise de Xain-

tõge de la Trinité, Religieuse dudit Chastillon, prenant la qualité de fondatrice
des Monasteres de S. Vrsulle au Diocese
de Lãgres, requist les Religieuses dudit
Cõuēt de Dijon, de luy permettre de retourner en ladite maisõ, pour vacquer à
plus grande perfection. Ce qu'ayant fait
sçauoir audit Seigneur Reuerēd Euesque,
par l'authorité duquel ladite sœur auoit
fait ladite demãde, par acte capitulaire,
du xx. de Iãuier. 1623. lesdites Religieuses
y cõsētirent pour demeurer auec elle en
esprit d'obeyssance, & sous les mesmes
coustumes & obseruãces qu'elles gardēt
à present à condition toutefois, & non
autrement, qu'aucune de celles de ladite maisõ puisse sortir pour supleer à son
defaut audit Chastillõ, à cause des grãds
& notables inconueniens qui en pourroient arriuer à leur Monastere.
Suiuãt laquelle resolutiõ ladite sœur de
Xaintonge, & sœur Marguerite le Ieune
du S. Sacrement, arriuerent audit Conuēt de Dijon, le xj. de Feburier audit an.
La continuation de ladite Mere Masoyer en la charge de superieure dudit Monastere, canoniquement & legitimemēt
faite, selon qu'il a esté representé cy de-

uant,ne fut pas toutefois agreable audit
Seigneur Reuerend Euesque,par la consideration qu'il ne pourroit auoir audit
Coüet vne authorité absoluë,auec pouuoir d'y establir tels Directeurs qu'il de-
sireroit,la nominatio desquels appartenoit ausdites Religieuses:dot il auoit cy-
deuat fait tres-grande instace enuers ladite Superieure, laquelle il n'auoit peu
disposer à ses volontez, estant toutes les
Religieuses de ladite maiso entieremet
vnies & affectionnees à la conseruation
d'icelle,& de leurs regles & status, sas y
desroger aucunemet.Lequel monastere
qui cosiste à l'etretenemet de leurChap-
pelle,bastimes& augmentation d'iceux,
& de plus de cinquanteReligieuses,tant
professes,sœurs layes,tourieres que pe-
sionnaires, lesdites Religieuses sont co-
trainctes pour subuenir à vne si grande
despece d'vser d'vn tref-grand mesnage
en la conduite de leurs biens temporels,
qui ne sont pas de si grande valeur que
l'on estime , & ceste imaginaire reputa-
tion leur est fort dommageable.

Tellement que ledit SeigneurReuered
Euesque,donnant les premieres pointes
de ses ressentimens,reuocqua ledit sieur

Directeur dudit Conuent, sous pretexte
de sa caducité , par acte du quinziesme
dudit mois de Feburier, à luy signifié par
Toussaincts Michelot Notaire Apostolique, lequel Directeur en receut vn tel dé-
plaisir, que ce regret adiousté à son indis-
position, il deceda quelque temps apres
plaint & regretté de toûs les gens d'hô-
neur, à cause de sa bonne vie & probité
qui luy auoient acquis la charge de grãd
Prieur en l'Abaye de sainct Benigne dudit Dijon, en laquelle il estoit grandement vtile & necessaire.

Le semblable fut fait par ledit Seigneur
Reuerend Euesque, de M. Pierre Verriere Prestre , lequel auoit accoustumé de
celebrer la saincte Messe audit Conuét,
confesser & comunier lesdites Religieuses, qui estoit aussi fort pieux & deuotieux, & auoit fait lõg-téps auparauant
ceste charge , en la presence dudit Seigneur Reuerend Euesque. De sorte que
l'affection qu'auoiét lesdits sieurs Directeur & Chapelain à la conseruation des
regles & statuts dudit Monastere, a esté
la seule cause de ces reuocations.

Ces mouuemens donnerent vne iuste
occasiõ ausdites Religieuses de s'assem-

bler: Et par acte capitulaire du quinzief-
me dudit mois de Feburier, detérmine-
rent de remonftrer tres-humblemét audit SeigneurReuerend Euefque,que depuis leur premiere inftitution en l'eftat
de Religieufes, par les Bulles de fa Saincteté,elles auoiét toufiours vefcu en vne
g rãde paix, vnion,& bõne intelligence
auec ledit Seigneur , leurs Directeurs &
Cõfeffeurs,& edificatiõ de toutes fortes
de perfonnes, dequoy ladite ville de Dijon pouuoit donner tefmoignage.D'ailleurs que pour cõferuercefte intelligéce
auec ledit Seigneur, lefdites Religieufes
s'eftoient defmifes de leur propre iugement & volõté.en plufieurs faits par luy
defirez : que pour ia mefme fin elles a-
uoiét refufé de fe ioindre auxreligieufes
des autres Monafteres dudit Ordre qui
luy refiftoient.Que fouuét de paroles &
par efcrit il leur auoit promis de iamais
ne les troubler ou demãder chofes defa-
greables, fpecialement contreuenantes
à leurs bulles & ftatuts. Et s'apperceuãs
qu'il fe mettoit en deuoir de faire le cõ-
traire,lefditesReligieufes l'auroiét tres-
humblement fuplié,comme bon pere &
Pafteur,de cõferuer cefte paix & intelli-

gĕce en son endroit, & edificatiõ enuers
le prochain, & en ce faisant de ne cõtre-
uenir par des nouueautez auxcoustumes
par elles obseruees iusques à present, Canons, Conciles, bulles, regles & cõstitu-
tions dudit Conuent par luy approuuez,
suiuant lesquels il ne pouuoit transferer
lesdites Religieuses d'vn Monastere à
autre à sa volõté, & des authoriser leurs
chapitres & eslectiõ canoniquemẽt faite de ladite superieure, autrement qu'el-
lesferoient contraintes de recourir à sa
Saincteté pour leur conseruation.

Pareillement qu'il luy pleust de renuo-
yer au Cõuẽt de Chastillõ les deux sœurs
qu'il auoit fait venir en celuy dudit Di-
jõ, lesquelles sous la faueur de sõ authorité, trauailloient continuellement à les
diuiser. Ou s'il vouloit les maintenir ab-
solumẽt audit Cõuent, leur faire expres
commandement de s'y comporter auec
humilité & obeyssance, sans rien entre-
prendre secrettement ou manifestemẽt
contre leurs coustumes, canons, bulles
& regles, autrement qu'on les priueroit
du chapitre & de toute voix actiue &
passiue en ladite maison. Ledit acte presenté audit Seigneur Euesque le mesme

iour par Bilbaudet Notaire.

Lequel Seigneur Reuerēd Euesque dō-
nant de plus grāds effects de ses intētiōs
contre ladite Superieure, cōmanda auf-
dites Religieuses de la demettre promp-
temēt de sa charge. Ne voulāt que sō eslection eust aucū lieu, ny pour ceste fois
ny pour autres, laquelle ordonnance est
conforme a ce qu'a dit Pindare, *Que les*
erreurs pendent à l'esprit humain.

Ce cōmandement qui ne pouuoit produire aucun valable effect, attendu qu'il
estoit directement contraire aux regles
& statuts dudit Conuent, ausquels ledit
Seigneur Reuerend Euesque ne pouuoit
nō plus desroger, que lesdites Religieuses estoient obligees de les garder & obseruer, les contraignit de s'assembler derechef ledit iour xv. de Feburier. Et par
acte capitulaire fut resolu de supplier sa
Grādeur les regarder de l'œil de pitié, &
de ne point permettre, que ceux qui l'a-
uoiēt porté a desirer d'elles, ce qu'il cro-
yoit vtile pour les maintenir en l'obeissance qu'elles luy deuoient & vouloient
rendre, eussent le pouuoir de troubler la
douceur de leur tranquilité & repos, &
apporter vne nouueauté & changement

en leurſdits ſtatuts, faiſant cõſideration
que leurscõſcieces lesobligeoient par la
preſtation de leur premier vœu, d'obſeruer de point enpoint le cõtenu en iceux.
Et ſoubs la faueur de ces raiſons, il pleuſt
à ſa prudence de ne paſſer outre à l'execution de ſon ordonnance verbale, concernant la demiſſiõ de leur Mere. Autrement les larmes aux yeux auec vn tres-
grãd regret & deſplaiſir, leſdites Religieuſes ſeroiẽt contraintesen interietter
appel à ſa Saincteté, ſous proteſtations
de ne ſe departir aucunemẽt de l'obeiſſance qu'elles luy deuoiẽt, pourueu qu'il
ne s'agiſſe de laneantiſſement & ſubuer-
tion des bulles de ſa Saincteté, regles &
ſtatuts dudit Monaſtere. Ledit acte preſenté audit Seigneur par ledit Michelot
Notaire Apoſtolicq.

Leſdites Religieuſes deſirans de ſe
pouruoir ſur l'interdictiõ faite par ledit
Seigneur Reuerend Eueſque audit Verriere leur Chapelain de celebrer la ſaincte Meſſe, & leur adminiſtrer les S. Sa-
cremẽs, à cauſe du notable preiudice &
intereſt qu'elles en receuoiẽt: Par autre
acte du xvj. dudit mois de Feburier, ſuplierent tres-humblemẽt ledit Seigneur
de leuer

de leuer ladite interdition , autrement
qu'elles feroient contraintes d'en appeller à fa Saincteté. Ledit acte à luy prefenté
le mefme iour par Grazelier Notaire
Royal.

Ledit Seigneur Reuerendiffime Euefque, perfiftant toufiours en fes premieres
refolutions de depofleder ladite fuperieure, auquel effet il auoit employé toutes les intelligences qui pouuoient fe rencontrer en fon authorité, exercice de fa
charge, interpofition de plufieurs Ecclefiaftiques, & defdites fœurs de Xaintõge
& le Ieune, lefquelles depuis leur arriuee
audit Monaftere, auoient pratiqué & fait
joindre à leurs mouuemens, fœur Geneuiefue Guibert de la Natiuité, proche
parente de ladite de Xaintonge, & Claudine Barrette de faincte Agathe fœur laye.
Et ne pouuant ledit Seigneur prendre de
plus grands aduantages audit Conuēt, il
entra au parloir, où il dit plufieurs paroles
aigres & offenciues a aucunes defdites
Religieufes, & vfant de plus amples me-
naces, qu'il entreroit en ladite maifon, en
expulferoit aucunes d'icelles, emporte-
roit le fainct Sacrement hors de l'Eglife,
& les excommunieroit. Ce quaprehen-

B

dant, non pour aucun deffaut ou man-
quement en leur deuoir, mais seulement
pour le scandale public qui en arriueroit,
lesdites Religieuses supplierent ledit Seigneur Reuerendissime Euesque de reuo-
quer toutes ses ordonnances, interdictions, & declaration d'excommunication, & ce faisant leur permettre la continuation & libre exercice de leurs prieres, oraisons, suffrages, & reception des
saincts Sacremens, à faute dequoy faire,
elles en interjetteroient appel, protestans
de se pouruoir à sa Saincteté, & en outre
prierent ledit Seigneur de rendre & resti-
tuer les originaux de leurs actes qu'il auoit
retirez des mains des Notaires lors de la
presentation & inthimation à luy faite
d'iceux. Ledit acte presenté audit Seigneur Reuerend Euesque, le mesme iour
par ledit Grazelier Notaire.

Par les raisons cy deuant deduites bien
& deuëment verifiées, l'on ne peut rapporter le subjet de ces contentions qu'audit Seigneur Euesque, lequel vouloit de-
stituer ladite superieure par vne auctorité
absoluë, sans aucun ordre ny formalité de
iustice. Car pour y paruenir legitimement, puisque ladite mere & toutes les

Religieuses du Monastere soustenoient
qu'elle auoit esté canoniquement conti-
nuée en ladite charge, suiuant leurs regles & statuts approuuez par ledit Seigneur, il estoit necessaire que ce differēd
de la validité ou inualidité de ladite eslection fust iugé auec cognoissance de cause, par des iuges deleguez, Ecclesiastiques,
Reguliers, legitimes & competans, estant
ledit Seigneut Reuerend Euesque, partie
formelle, & grandement affectionné en
ses interests, que le respect à sa grandeur
ne permet d'expliquer. Cét ordre iudi-
ciaire est conforme à ce qu'en ont dit
Aristote & Ciceron, lesquels diuisent la
Iustice en deux parties, sçauoir la distributiue & la commutatiue. La distributiue
est de bailler à chacun selon son merite.
Et la commutatiue à faire garder la loy,
les choses promises, & ne faire à autruy
que ce que nous voudrions nous estre fait.
Seneque appele la Iustice, la loy Diuine,
& le lien de la societé humaine. Sophocle
dit ; *Que Dieu est le père de la loy.* Et Deme-
trius perdit son Royaume pour hayr à
donner audiance à ses sujets.

  Lesdites Religieuses nourries en l'o-
beyssance & la crainte, auroient eu quel-

ques apprehensions de l'excommunication prononcée de viue voix, par ledit Seigneur Reuerendissime Euesque, contre aucunes d'icelles, & voulant faire le semblable par toutes les autres, sans leur en donner aucune chose par escrit: Ioint que depuis la reuocation du sieur Verriere Prestre, qui desseruoit leur chapelle, elles auoient esté destituées de l'administration des saincts Sacremens, auec vn extresme desplaisir dont les pensées ne leurs estoient pas seulement insuportables mais impossibles: Lesdites Religieuses par acte Capitulaire du vingtquatriesme dudit mois de Feburier, suplierent auec profonde humilité ledit Seigneur, par la grandeur de sa prouidence, de considerer que son authorité & superiorité sur ledit Conuent estoit reduite à la conseruation des reigles & statuts d'iceluy, par luy confirmez & approuuez, & qu'elles n'auoient iamais apporté aucun mespris à son authorité, ayant esté l'election de ladite Superieure faite au temps prefix & designé par lesdits statuts, en la presence du Directeur par luy establý, & de la licence de son Vicaire general, mesmes que ledit Seigneur depuis son

retour de la ville de Paris, auoit eu diuerſes conferences auec ladite Superieure,ſans aucune plainte de ſon eſlectiõ. Et
partãt il luy pleuſt de n'expoſer ſes mouuemens aux reproches des ennemis de la
Religion Catholique, & au parler des
mondains, & par ſa benignité paternelle
de ne retrancher à des Religieuſes refor-
mées,la celebration de la ſaincte Meſſe,
les Confeſſions & reception du tres-Au-
guſte Sacrement.

Et pour luy donner tout le contentement qu'il pouuoit deſirer, & leuer entierement l'ombrage du pretendu meſpris de ſon authorité, en ladite eſlection
faicte pendant ſon abſence, leſdites Religieuſes offroient de s'aſſembler capitulairement pour proceder à nouuelle eſlection de ſuperiorité, en toute franchiſe
& liberté aux formes accouſtumées, ſans
tirer à conſequence pour l'infraction de
leurs ſtatuts. Et par ce que ledit Seigneur
Reuerend Eueſque deſiroit d'en exclure
aucunes deſdites Religieuſes, ſans en
auoir dit les cauſes: Elles declarerent n'a-
uoir recogneu & ne ſçauoir aucun fon-
dement d'incapacité ſinguliere en aucunes d'icelles qui meritaſt telle exclu-

fion, dont ne fe voulant expliquer, elles auoient refolu lors qu'il feroit procedé à ladite eflection de receuoir le fainct Sacrement, & donner leurs fuffrages en la prefence du precieux Corps de Dieu expofé fur l'Autel, afin d'eflire celle qu'elles iugeroient la plus capaple fans aucune force, contrainte, violance, ou perfuafion, fuiuant l'article de leurs couftumes. Et où ledit Seigneur ne voudroit accepter ces offres, lefdites Religieufes feroient contraintes à leur grand regret de faire pourfuitte de leurs appellations en Cour de Rome, proteftant deuant Dieu & les hommes, de la fincerité de leurs intentions, fubmiffion & obeyffance, qu'elles fuplioient ledit Seigneur Euefque d'accepter conformement à leurs Statuts, & d'imputer ce defordre non aux pures volontez dudit Seigneur qu'elles fçauoient tres-bon & tres-benin : mais pluftoft aux mouuemens de l'ennemy commun du genre humain, ou à ceux qui pratiquoient fecrettement l'authorité dudit Seigneur Reuerend Euefque, lefquels elles ne pouuoient admettre pour le repos & tranquilité de leurs confciences.

Et afin que chacun cognuſt comme ledit ſieur grand Prieur de ſainct benigne directeur dudit Conuent, auoit permis auſdites Religieuſes de s'aſſembler afin de proceder à l'élection d'vne ſuperieure; qu'il s'y eſtoit trouué du conſentement du ſieur grand Vicaire dudit Seigneur Reuerend Eueſque, receu les ſuffrages des Religieuſes, & declaré que ladite ſœur Maſoyer auoit eſté continuee ſuperieure pour trois ans, auec commandement de luy obeyr. La declaration par luy faite le quatrieſme iour de Mars, ſignee de ſa main, & de Michel Motaire Royal, en rendra vn fidele & ſignalé teſmoignage.

Pendant ces contentions les nouices dudit Monaſtere demanderent eſtre admiſes aux vœux de profeſſion. Deſorte que leſdites Religieuſes par acte du huictieſme iour d'Auril, ſuplierent ledit Seigneur Reuerend Eueſque d'y pouruoir, & de donner par eſcrit les commandemens, interdictions & reuocations qu'il auoit verbalement faites, comme auſſi de permettre au Preſtre ordinaire ou autre qui ſeroit choiſi par leſdites Religieuſes, ſuiuant le pouuoir qu'elles en auoient par leurs reigles, de leur adminiſtrer les ſaincts Sacremens: ledit acte preſenté le meſme iour audit Seigneur par ledit Michel Notaire.

Tous les mouuemens cy deuant repreſentees, n'ayant peu faire conſentir auſdites Religieuſes, que l'vne deſdites ſœurs de Chaſtillon fut ſuperieure, au lieu de ladite Mere Maſoyer, ſelon que deſiroit ledit Seigneur Reuerend Eueſque, il ne voulut leur accorder qu'il fuſt procedé à nouuelle eſlection, ſur l'apprehenſion qu'il auoit que le ſort ne tombaſt ſur l'vne deſdites ſœurs de Chaſtillon, & priſt vn autre deſſein qu'il iugea plus puiſſant & aduantageux pour l'accompliſſement de ſes volontez, qui fut de recourir à la Cour de Parlement dudit pays de Bourgongne, pour ſouz l'authorité d'icelle, contraindre leſdites Religieuſes de receuoir la ſuperieure qu'il vouloit eſtablir ſans aucune eſlection, auquel Parlement l'vne deſdites ſœurs de Chaſtillon auoit Monſieur ſon frere Aduocat general du Roy, & Conſeiller de ſa Majeſté en ſes Conſeils d'Eſtat & Priué.

Tellement que par Monſieur le Procureur general dudit Parlement, il fit remonſtrer à ladite Cour, qu'il y auoit de grands deſordres en la maiſon deſdites Religieuſes, ſur leſquelles plaintes, par Arreſts du dixieſme iour de May fut or- donné que ledit Seigneur Reuerend Eueſque en ſeroit aduerty, par Commiſ- ſaire dudit Parlement.

Duquel Arreſt leſdites Religieuſes ayant eu aduis capitulairement aſſem- blees: le vnzieſme iour dudit mois de May, reſolurent que les motifs deſdits differends, ſeroient tres-humblement repreſentez à la Cour. Le iugement deſquels deuoit eſtre reſerué à ſa Saincte- té, s'agiſſant de l'execution de ſes bul- les, reigles, & conſtitutions dudit Mo- naſtere, que ſi outre ceſte difficulté l'on auoit fait entendre à ladicte Cour, la di- uiſion prouenant deſdites ſœurs de Cha- ſtillon, cela eſtoit au preiudice du ſilen- ce du cloiſtre, & ne pouuoit reüſſir qu'au meſpris de la Religion & deſdites ſœurs, qui ne s'eſtoient miſes en leur deuoir & humble obeyſſance, & auoient par voyes illicites, recherché la charge de ſupe- rieure, & autres plus importantes audit Monaſtere. Ce qui auoit apporté quelque def-vnion, fur laquelle il y auroit beaucoup de chofe à dire, fi par vne contraire humilité & moderation Religieufe, on n'eftoit obligé de tenir fecrettes telles particularitez ; qui ne pourroient eftre publiees qu'auec vn tres-grand fcandale. Au moyen dequoy lefdites Religieufes fuplierent ladite Cour de les excufer, fi elles ne reprefentoient plus particulierement les actions de celles qu'elles tenoient & vouloient ad-uoüer pour leurs fœurs, efperans que par l'ordre & police Ecclefiaftique, elles recognoiftroient que ce defordre ne procedoit que de leur part, fauorifées de l'authorité dudit Seigneur Reuerend Euefque, qui les auoit fait venir dudit Conuent de Chaftillon en celuy de Dijon, afin de faciliter la demiffion de ladite Mafoyer Superieure, & fucceffion en fon lieu de l'vne defdites fœurs de Chaftillon. Et encore il pleuft à ladite Cour de confiderer, qu'il ne s'agiffoit pas d'vne difcipline Ecclefiaftique & execution d'icelle, mais d'vne fubuerfion de toute difcipline & aneantiffement dudit ordre, regles & priuileges

qu'il auoit pleu à fa Saincteté de leur accorder.

Ces remonftrances & offres faites par
lefdites Religieufes audit Seigneur Reuerendiffime Euefque, de proceder à
nouuelle eflection d'vne fuperieure,
le deuoient entierement fatisfaire, puis
qu'il ne fe plaignoit que de l'eflection
de ladite Mere Mafoyer faite en fon abfence, enquoy il eftoit tres-mal fondé,
& ne pouuoit par aucune raifon de droit
fouftenir ladite eflection nulle, dautant
que lefdites Religieufes fuiuant leurs regles & conftitutions, en auoient eu le
pouuoir du Directeur qu'il auoit eftably.
Ce que ledit Seigneur deuoit reputer
comme fait par foy mefme : mais fon in-
terieur eftoit grandement efloigné de ce
pretexte, duquel il ne fe vouloit feruir
que pour l'eftabliffement defdites fœurs
de Chaftillon, aux principales charges
dudit Conuent de Dijon, pour apres dif-
pofer de ladite maifon & direction d'i-
celle fouuerainement.

Lefquels mouuemens & intentions
ayant efté bien recogneuz par ceux
qui auoient des filles Religieufes audit Monaftere, & aduertis des grandes

pourſuittes & ſollicitations que faiſoit ledit Seigneur Reuerend Eueſque audit
Parlement ſous pretexte d'vne deſobeïſ-
ſance à ſes commandemens, les peres &
proches parens deſdites Religieuſes, pour
donner vne ſommaire intelligence des
volontez dudit Seigneur, preſenterẽt requeſte audit Parlement, expoſitiue que
voulãt vſer de quelque authorité & direction, il leur auoit fait certain commandement contraire aux regles, ſtatuts &
conſtitutions dudit Conuent. Et dautant
que cela importoit le ſpirituel, leſdites
Religieuſes s'eſtoient pourueuës par les
voyes ordinaires & Eccleſiaſtiques à ſa
Sainĉteté, en ſuitte de laquelle contra-
uention ledit Seigneur auoit amené quelque deſordre au temporel, dont eſtoit iſſu
de la diuiſion & meſpris aux neceſſitez de
ladite maiſon, auſquelles il auoit deu
pouruoir ainſi qu'il en auoit eſté requis
& inuité ſans aucun effet. Neantmoins
ledit ſieur Procureur general auoit fait
des plaintes & remonſtrances, enquoy
ils auoient vn intereſt ſingulier en la ſuſdite qualité de peres & parens deſdites
Religieuſes. Pour ces cauſes il pluſt à ladite Cour de les receuoir entreuenans

au procedé de ladite plainte formee par ledit sieur Procureur general, en laquelle ils entendoient prendre à partie formelle ledit Seigneur Reuerend Euesque & tous autres qu'il appartiẽdra. Si mieux il ne plaisoit à ladite Cour députer Commissaire pardeuant lequel lesdites parties seroient ouyes: Sur laquelle requeste par Arrest dudit Parlement du douziefme dudit mois de May, fut ordonné qu'il y seroit pourueu apres que ladite Cour auroit recognu le procedé dudit sieur Euesque, sur le rapport qui en seroit fait par les Commissaires à ce deputez.

Suiuant cét Arrest ledit Seigneur Reuerend Euesque vint audit Conuent le mesme iour, assisté desdits sieurs Commissaires, lesquels firent entendre à ladite superieure les remonstrances faites audit Parlement sur quelque diuision & refus d'obeyssance audit Seigneur de Langres, & qu'à ce subjet ils estoient venus en ladite maison, en laquelle ils demanderent d'entrer pour y estre pourueu, ce qu'ayant ouy ladite superieure, elle suplia ledit Seigneur Euesque, & lesdits sieurs Commissaires, de luy permettre d'en cõfererau

Chapitre pour n'exceder ce qui eſtoit de ſon pouuoir, ce qu'elle feroit preſentement, lequel Seigneur Reuerend Eueſque ne voulut ſe donner la patience d'vn quart d'heure pour ſçauoir la reſolution dudit Chapitre, & prit ceſte reſponce, quoy que iuſte & ciuile, pour vn refus & deſobeyſſance à ſes commandemens auec du contentement, ſous eſperance de retourner audit Monaſtere les forces temporelles en main, pour y exercer plus imperieuſement ſes volontez, & ſous ces fauorables intentiõs ſe retira auec leſdicts ſieurs Commiſſaires.

Ce qu'aprehendant leſdites Religieuſes, elles firent ſçauoir le meſme iour audit Seigneur Reuerend Eueſque, par Maiſtre Philebert Camus Notaire Royal, qu'il auoit eſté reſolu audit Chapitre, que s'il luy plaiſoit declarer ſa volonté ſur le fait de ladite ſuperieure, elles offroient ledit iour, ou tel autre qu'il voudroit choiſir, de luy donner entree audit Monaſtere, aux formalitez obſeruées és maiſons des Religieuſes & filles de leur ordre, pour eſtre fait telle viſite que bon luy ſembleroit, encore qu'il ne fuſt lors neceſſaire, dautant qu'il y auoit fort peu de temps qu'il eſtoit entré audit Monaſtere, où il ne deuoit faire des viſites ſi frequen-tes , ſelon qu'il auoit eſté determiné par les ſainɔts Conciles & Canons, qui les auoient reduites à vne fois par chacun an & en habit decent, aſſiſté des Eccleſiaſti-ques qui ſeroiĕt nõmez par leſdites Reli-gieuſes, dõt les cauſes de ces ſainɔts decrets ſont notoires & manifeſtes à vn chacun.

Nonobſtant toutes leſquelles offres & declarations faites par leſdites Religieu-ſes, ſçauoir de proceder à nouuelle eſle-ction d'vne Superieure, & donner entree audit Seigneur Reuerendiſſimē Eueſque audit Monaſtere quand il luy plairoit ; ſur les requiſitions par luy faites en la cham-bre du Conſeil dudit Parlemĕt, qu'aucuns ſeculiers entretenoient & fomentoiĕt les deſobeïſſances deſdites Religieuſes en ſon endroit, il pleuſt à la Cour députer Commiſſaires pour eſtre preſents à ſon procedé, & pouruoir ſur le refus à luy fait le iour precedent de luy dõner entrée au-dit Conuent. Ladite Cour commit deux de Meſſieurs les Conſeilliers pour aſſiſter ledit Seigneur Eueſque, & ordonna auſ-dites Religieuſes d'obeyr à ce qui leur ſeroit commandé par ledit Seigneur leur

Superieur à peine d'y estre procedé ainſi qu'il ʒpartiédroit. Et fait inhibitiõs & defféces à toutes perſónes de quelque qualicé & conditiõ qu'ils fuſſent d'apporter aucũ empeſchemét à ce qui leur ſeroit cõmandé par iceluy, à peine de punition exemplaire. Enjoignant auſdits Commiſſaires de tenir la main à l'execution dudit Arreſt. Signifié auſdites Religieuſes le quatorzieſme dudit mois.

Cét Arreſt fut donné auec vne grande ſurpriſe & precipitation, ſous vn diſcours apparemment plauſible, fait par ledit Seigneur Reuerend Eueſque, qu'il n'eſtoit point obey par leſdites Religieuſes, Cineas en éloquence, & authoriſé par la grandeur de ſa dignité & ſceance qu'il à audit Parlement, lequel ne fut pas informé de la verité contenuë aux actes ſuſdits, ayant ladite Cour touſiours rendu vne tres grande iuſtice & equité aux parties, par le moyẽ dequoy pluſieurs procez differẽds & affaires de tres-grãde importance, auroient eſté ſouuent éuoquees audit Parlement auquel ils ont eſté iugez par de grands iuſticiers tres-doctes & ſçauans perſonnages ſemblables à ceux dont D'aniel dit que les

iuſtes

iuftes reluifent comme les eftoilles, & les
fçauans comme le firmament. Pindare
appelle la Iuftice la Royne de tout le
monde, Ariftote, Generale Vertu. Et
Pline, que les loix font par deffus le Prince: Ce qu'ayant efté obferué par ce fou-
uerain Senat, la prouince de Bourgongne fe peut dire heureufement franche, à
comparaifon des autres pays de ce Royaume. Il a encore l'honneur de n'auoir
admis des Chambres de l'Edict, demeu-
rans fous ce tiltre glorieux de premiers
catholiques, appartenant à ladite Prouince, de laquelle Dieu f'eft feruy pour
la conuerfion du Roy Clouis premier
Roy Chreftiẽ, par le mariage de Clotilde
fille de Gondemar Roy de Bourgongne.

Lefdites Religieufes defirans efuiter le
fcandale qui eftoit preparé à vn chacun
par l'execution dudit arreft, Apres auoir
inuoqué le fainct Efprit pour les refou-
dre en vne action fi importante, fupplie-
rent ledit Seigneur Reuerend Euefque,
par acte du quatorziefme dudit mois de
May, de declarer fi fous l'authorité dudit
arreft, il entendoit preiudicier, & atten-
ter aux appellations par elles efmifes à fa
Saincteté, defes decrets & ordonnances,

C

Ou bien si hors ce dont estoit appel, touchant les demissions transports des Religieuses de maison en maison , & solem-
nité des eslections , il vouloit donner ordre par nouuelles inionctions à ce qui
pouuoit estre du surplus de sa derection
& superiorité, afin de se pouruoir pour
l'entretenement & conseruation des
bulles de sa Saincteté , & de leurs statuts
ainsi que de raison. Ledit acte presenté
par ledit Michel Notaire , audit Seigneur Reueréd Euesque, auquel ny à tous
les precedens, il ne fit aucune responce,
encores qu'il en fut requis par plusieurs
& diuerses fois.

Et le quinziesme dudit mois de May,
ledit Seigneur Reuerend Euesque vint
audit monastère , assisté desdits sieurs
Conseillers, du Greffier & Huissiers de
ladite Cour, du Procureur Sindic de ladite ville de Dijon, Sergens de la Mairie,
& plusieurs autres personnes de diuerses
qualitez & conditions, lequel demanda
ouuerture de la grande porte dudit Couuent, à quoy fut promptement satisfaict,
tellement qu'il entra en ladite maison, assisté des dessusdits. Et donnant vn premier effect de ses desseins, prist les clefs

des tours & parloirs dudit Monaſtere, &
les donna à la ſœur le Ieune, l'vne de celles qu'il auoit faict venir dudit Couuent
de Chaſtillon.

Ce fait, leſdites Religieuſes eſtans aux
pieds dudit ſeigneur Reuerend Eueſque,
les larmes aux yeux, luy rendirent toutes
ſortes de ſubmiſſions & deuoirs, auec
tres-humbles ſupplications d'vſer d'vne
bonté paternelle enuers leurdite Mere
Superieure, lequel ſans aucunement ſ'eſ-
mouuoir, luy dit qu'elle allaſt pour deux
heures au logis des Tourieres, & qu'apres
elle rentreroit audit Couuent: & voyant
que leſdites Religieuſes qui la tenoient
entre leurs bras, ne la vouloient quitter,
il fit dire le ſemblable par l'vn deſdits
ſieurs Conſeillers à aucunes d'icelles, les
perſuadant de laiſſer aller ladite mere,
attendu que tout ce qu'en faiſoit ledit
ſeigneur Eueſque, n'eſtoit que pour tenir
la forme de l'arreſt de ladite Cour, &
qu'auparauant qu'il fut deux heures, ladite mere leur ſeroit renduë, lequel ſeigneur Eueſque retournant vers leſdites
Religieuſes, leur dit qu'elles ſe fiaſſent en
ſa parole, qu'il leur vouloit monſtrer
qu'il eſtoit bon pere, & qu'il les traitte-

roit comme tel : à quoy ladite Superieure, auec vne grande humilité, dit qu'elle
n'auoit iamais defiré ladite charge.

Lequel procedé ayant efté recogneu
par vn de Meſſieurs les Prefidens dudit
Parlement, Conſeiller du Roy en ſes
Conſeils d'Eftat & Priué, de noble & an-
tiénne maiſon, ſucceſſeur en ladite charge de monſieur ſon pere, lequel eſtoit
grand Iuſticier, vertueux & ſçauant, recogneu pour tel dés ſon cõmancement
aux honneurs & dignitez par les Maje-
ſtez du Roy Henry III. & la Royne ſa
mere. Ledit ſieur Preſident excité par
vne grande charité à la conſeruation dudit Monaſtere, auquel il a vne fille Religieuſe, s'oppoſa à la demiſſion & tranſlation de ladite Superieure, tant en ſon
nom, que de pluſieurs Seigneurs, & autres perſonnes de qualité qui ont des filles, & proches parentes audit Couuent,
deſquels il auoit charge, & procuration
ſpeciale, & interietta appel des commandemens dudit ſeigneur Reuerend Euefque, faits au preiudice des ſtatuts & regles de ladite maiſon, en laquelle par
bulle expreſſe du ſainct Pere, elles eſtoiẽt
Religieuſes, & non d'autre Couuent, &

print à partie ledit Seigneur.

La dame de Sanselle , fondatrice dudit Monastere, ne se voulut seruir de la puis-sance & authorité qui luy appartenoit en ladite qualité, suiuant les Conciles, & se iettant aux pieds dudit seigneur Eues-que , le supplia de laisser les choses en l'e-stat qu'elles estoient , attendu que Dieu graces , elle pouuoit asseurer qu'il n'y auoit au dedans de ladite maison, qu'vne reguliere & estroite obseruation des re-gles & statuts d'icelle, ausquelles si l'on vouloit alterer quelque chose, elle se re-tireroit , & prendroit le bien qu'elle y auoit apporté , n'ayant faict audit Cou-uent aucune profession de Religieuse, mais par vn libre consentement d'y de-meurer le reste de ses iours, faisant le mesme office que les Religieuses, à quoy ledit Seigneur Reuerend Euesque res-pondit, que ladite supericure rentreroit sur le soir audit Monastere , pendant le-quel temps, il attendoit le retour de son carrosse qu'il auoit enuoyé audit Cha-stillon , afin d'amener vne Religieuse pour estre superieure audit Monastere de Dijon, lequel carrosse estant arriué, ledit Seigneur Reuerend Euesque, pour

C iij

perfectionner ſes intentions, dit à ladicte Maſoyer, Superieure, qu'il falloit qu'elle allaſt d'où ladite Religieuſe venoit : Sur ce, ladite dame de Sancelle Fondatrice, le ſupplia de conſiderer ce qu'il auoit promis, tant à elle, qu'auſdites Religieuſes, & d'auoir eſgard aux incommoditez de ladite Superieure, laquelle auoit tous les iours la fieure, tellement que par cette conſideration, & par vne raiſon plus puiſſante, tiree de ſon innocence, & les promeſſes dudit Seigneur, il ne deuoit ainſi traitter ladite ſuperieure, ioint que telle n'eſtoit l'intention de Meſſieurs dudit Parlement, laquelle ſe voyant eſconduitte de ſes prieres, & ne pouuant reſiſter à la force & violance dont il vſoit, declara qu'elle formoit oppoſition à ladite démiſſion, & tranſlation de ladite Superieure, en la ſuſdite qualité de fondatrice dudit Couuent, auec proteſtations de ſe pouruoir.

Lequel ſeigneur Reuerend Eueſque, tirant par force ladite Superieure, des mains deſdites Religieuſes, il la fit conduire en ladite chambre des tourieres, dont leſdites Religieuſes receurent vn regret & deſplaiſir, que ne pouuant reſister à l'attainte de si viues douleurs, l'imagination desquelles ne se peut estendre si loing, que l'infinité de leurs peines: aucunes d'icelles tomberent en de grandes foiblesses & euanoüissemens; & toutes ces pleurs, maladies, prieres, & submissions, ne peurent fleschir, ny esmouuoir ledit seigneur Reuerend Euesque, pour rendre iustice à ladite Dame fondatrice & Religieuses, moins d'effectuer les promesses qu'il leur auoit faites, de restablir ladite Superieure audit Monastere.

Cette action fut si triste, funeste, & mal receuë, que ceux qui n'y estoient interessez qu'au scandal public, verserent quantité de larmes, sous la commiseration d'vn tel & si rigoureux traittement, & plusieurs autres plus capables de l'innocence de ladite superieure, furent inuitez à diuerses resolutions pour y donner empeschement, à l'imitation de ce qu'auoient faict les principaux & plus qualifiez habitans de la ville de Langres, pour la conseruation de la Superieure des Religieuses du Couuent de saincte Vrsulle de ladite ville, qui estoient appellantes comme d'abus de ses decrets & ordonnances, faicts au preiudice des regles & statuts de ladite maison, & par ce moyen auoient arresté le cours de semblable violance: Ce qui ne fut pas executé audit Dijon, pour le respect & authorité de la Cour, se reseruant l'esperance d'en auoir iustice audit Parlement, par la mesme voye d'appel comme d'abus.

De maniere que de quatre Couuents dudit Ordre de saincte Vrsulle, sur lesquels ledit seigneur Reuerend Euesque est superieur, il y en a trois qui plaident contre luy, pour la conseruation de leurs bulles, regles & statuts, sçauoir ceux de Dijon, Langres, & Chaumont: Et quant à celuy de Chastillon, nouuellement estably, il en reussiroit le semblable, si ladite maison n'estoit retenuë par la Superieure, establie par ledit Seigneur, laquelle appartient entierement à ses volontez & interests.

Ladite Masoyer, Superieure dudit monastere de Dijon, tesmoigna à son depart d'iceluy, des effets de sa constance, que l'on peut rapporter à celle de plusieurs sainctes, lesquelles ont surpassé en magnanimité & grandeur de courage, les autheurs de leurs persecutions, & executeurs d'icelles, & humainement à Socrate, entendant l'inique sentence de sa condamnation, Rutilius Senateur Romain enuoyé en exil , & Metellus surnommé Numidic, qui ne changerent iamais de visage, & ne furent aucunement esmeus, de maniere que cette Superieure interrogee sur son exil, pouuoit faire la mesme responce que fit Dionysius prisonnier à Corinthe, à vn qui luy demandoit dequoy luy auoit seruy la Sagesse de Platon, & la frequentation auec les Philosophes : Vois comme ie supporte ma fortune : & partant toutes les afflictions & aduersitez receuës par ladicte mere Masoyer, n'ont esté que des exercices à sa constance, dont elle donnoit des loüanges continuelles à Dieu, & s'offroit liberalement à toutes sortes de supplices : en quoy la diuine Majesté auoit faict voir l'innocence de ladite Mere, si puissamment, que lesdites persecutions luy preparent des couronnes de gloire au Ciel, où est reseruee la recompense des iustes & craignans Dieu.

Aux sainctes & sacrees Escritures, l'on ne voit que de la Clemence & misericorde : & entre les Payens, Platon dit qu'il faut aussi peu oster de la nature humaine la misericorde, que du temple l'autel Macrobe, qu'il y a vn temple dedié à misericorde, l'entree duquel n'est permise qu'à ceux qui sont benins & secourables, & la plus grande iniure qu'on pouuoit faire à vn Athenien, estoit de luy reprocher qu'il n'estoit point entré audit Temple : Marc Aurelle Empereur, dit qu'il n'a iamais refusé sa clemence à celuy qui luy a demandee. Cesar n'oublioit que les iniures, & la clemence, dit le Sage, est la vraye conseruation du trosne Royal.

Lesquelles qualitez ne se treuuant pas audit Seigneur Reuerendissime Euesque, qui est tres-grand personnage, & d'illustre maison : Les merites duquel, & les seruices faits par monsieur son pere, aux Roys Henry troisiesme & quatriesme, luy ont acquis cette haute, & releuee dignité d'Euesque de Langres, Duc & Pair de France, en laquelle il est grandement estimé pour ses vertus, pieté & charité. L'on n'en peut rapporter la cause qu'à ceux qui le conseillent, dont les affections ont esté si grandes, qu'ils s'en font expliquez aux lieux les plus releuez, specialement contre ceux qu'ils ont estimé donner quelques aduis ausdites Reli-

gieuses, sur lesdits differends, qui sont
des principaux Religieux des Ordres
refformez,& gens d'Eglise, sçauãs,pieux,
& deuotieux, tant de ladite Prouince de
Bourgongne,qu'autres de ce Royaume,
& des plus signalez de ladite ville de Dijon : La Religion, probité, & vertu desquels, estant recogneuë de tous les bons
catholiques, & personnes d'honneur &
de merite, ils n'ont besoin de iustificatiõ:
lesquels aduis ont esté treuuez si iustes &
equitables,qu'ils ont esté depuis suiuis &
executez. Et afin que chacun soit informé quels ont esté les conseils desdits
Ecclesiastiques,pour la conseruation des
bulles de sa Saincteté, reigles, & constitutions dudit Monastere, ils ont esté cy-
apres transcrits.

ADVIS DESDITS RELIGIEVX
& Ecclesiastiques.

IL seroit à desirer, que tous ses mouuemens qui ont tant faict parler, & tant
faict faire de mauuais iugemens, & d'of-
fences contre Dieu & le prochain, ne fussent point arriuez: Nostre Seigneur don-

ne malediction à ceux qui sont occasion de scandale : *Væ homini illi per quem scandalum venit.* Encores bien que de là puisse reussir du proffit aux personnes qui ayment Dieu · Car, *Diligentibus Deum omnia cooperantur in bonum, etiam peccata.* Ouy, mesme les pechez, dit la Glose ; ainsi se peut entendre ce passage, *Necesse est vt veniant scandala.* Or puis que la Prouidence eternelle a permis, que ces contentions soient arriuces par le moyen des contradictions, que le Superieur a voulu apporter aux regles & constitutions dudit Monastere : I'en diray mon sentiment.

Il faut se figurer, & croire que les choses de la Religion, aussi bien que du monde, & de tout l'Vniuers, s'entretiennent & demeurent fermes, & en estat, *Imperio & obsequio,* par l'obeissance & les commandemens. Les animaux couuerts d'aisles & d'yeux , & les roües que vit vn Prophete, alloient, roulloient, & s'aduançoient tousiours : mais c'estoit suiuant la motion de l'esprit qui en estoit le directeur; *Vbi erat impetus spiritus, illuc gradiebantur eunte spiritu, & rotæ pariter eleuabantur sequentes eum.* Ce qui est, ce me semble, vne viue image, & vne naifue peintu-

ture du commandement des Superieurs,
& de l'obeiſſance de ceux qui leur ſont
ſoubmis. Que s'il arriue que la prudence & l'eſprit de douceur & de charité,
manque à ceux qui commandent, & celuy d'humilité, & d'obeiſſance aux ſubiects, il s'enſuit infailliblement du deſordre, de la confuſion, & de la calamité. Et
partant vn Sage diſoit fort à propos, que
les Republiques ſeroient floriſſantes;
lors que les magiſtrats & ſuperieurs,
obeiroient aux loix, & les ſubiects & infe-
rieurs à ceux qui auoient pouuoir de
commander.

Ce qui n'eſt nulle part plus veritable,
ny plus neceſſaire, qu'en la vie Religieuſe, de laquelle toute la perfection giſt en
l'obeiſſance. L'obeiſſance eſtant le premier, le plus grand, & le maiſtre vœu qui
enferme & contient tous les autres. Les
Superieurs pour ce ſubiect, deuant ſoi-
gneuſement mettre ordre, que les ſtatuts, loix & ordonnances, ſoient exactement obſeruees.

Or vne des regles & ſtatuts, preſque
vniuerſelle, & cõmune à tous les ordres
Religieux, c'eſt le droict d'eſlire leurs ſuperieurs, comme il ſe peut voir par tout,

& comme on peut le colliger des decrets & sanctions Ecclesiastiques, tant pour les hommes, que pour les femmes, & filles qui se dedient à Dieu, en quelque ordre & maison religieuse; de sorte qu'on ne peut leur tollir ce droict d'election, libre & franche, sans vne manifeste violance & iniustice : Aussi le sainct Concile de Trente en a faict des loix tres-expresses. *sess..25. ch. 6. In electione Superiorum quorumcumque Abbatum temporalium, & aliorum officialium ac generalium, & Abbatissarum, atque aliarum præpositarum quo omnia recte, & sine vlla fraude fiant in primis sancta Synodus districtè præcipit omnes supradictos eligi debere per vota secreta.* Que tous Superieurs & Superieures, soient esleus par suffrages secrets. Et au chapitre suiuant, vers la fin on trouue ces mots : *Is vero qui electioni præ est Episcopus, sine alius Superior claustra Monasterij non ingrediatur, sed ante cancellorum fenestellam vota singularum audiat vel accipiat.* Que celuy qui preside a l'election, soit Euesque, ou autre Superieur, se donne bien de garde d'entrer dans l'enclos du Monastere des filles : mais qu'il entende, ou reçoiue par la fenestre de la grille, les voix & suffrages de chacu-

ne d'icelles. Et au sixiesme des Decreta-
les, *lib.* I. *tit.* 6. *De electione cap.* 43. *Indemnitati-*
bus. On peut remarquer ce droict neces-
saire des eslections ; *Et quæ à duabus parti-*
bus numero fuerit celebrata (exceptione seu con-
tradictione, aut appellatione quacumque partis
alterius nonobstante, per Superiorem) prius ta-
men ex officio proüt spectat ad ipsum diligenti
examinatione præmissa, si allias fuerit inuenta
Canonica confirmetur. L'eslection qui aura
esté faicte par les deux parts du Monastere, nonobstant toute exception, con.
tradiction, ou appellation de l'autre part,
soit confirmee par le Superieur, apres
que suiuant son office, en tant qu'il luy
peut appartenir, il aura faict vn diligent
examen, pour sçauoir, dit la Glose, si l'on
a esleu vne personne capable (& entre
autre chose à considerer) qui soit legiti-
me: *Et causa.* 18. *q.* 2. *c.* 2. où il parle des Eslections.

Abbas in Monasterio, non per Episcopum, aut
per aliquem extraneorum ordinetur. La Glose
dit, *Eligatur;* Que l'Abbé & Superieur du
Monastere, ne soit pas esleu par l'Euesz-
que, ny par autres de dehors. Et ch. 3. *Ab-*
batem cuilibet monasterio non alium, sed quem
dignum moribus, atque actibus Monasticæ disci-

plinæ communi consensu congregatio tota poposcerit ordinari volumus. Nous voulons qu'en quelque Monastere que ce soit, l'Abbé, & superieur soit esleu par le commun consentement de toute la compagnie.

Mais le chap. 4. semble concerner plus formellement le subiect proposé, *Abbatem in Monasterio. Illum volumus ordinari quem sibi de sua congregatione, & Monachorum Electio, & possessionis dominus (& quod magis obseruandum est) ordo vitæ & meritum poposcerit ordinari.* Nous voulons que celuy soit ordonné, & constitué Abbé & Superieur, que les Religieux auront esleu : que le Seigneur du lieu, Fondateur ou Patron demandera, & sur tout, qui sera recommandable pour le merite de sa vie, & de ses bonnes mœurs : Ce qui est fortifié, *Causa 16.q.7.cap.32.decreuimus,* Où il est dit, qu'il faut mettre des Superieurs qui agreent aux fondateurs.

(Quod si spretis, ou bien, *Superstitibus eisdem fundatoribus, rectores ibidem præsumpserit Episcopus ordinare. Et ordinationem suam irritam nouerit esse. Et ad verecundiam suam alios in eorum loco, quos ijdem ipsi Fundatores condignos elegerint ordinari.* Que si l'Euesque negligeant les Fondateurs, ou bien que lesdits Fonda-

Fondateurs viuans, il s'ingere de mettre
des Recteurs & Superieurs à sa volonté,
qu'il apprenne que tout ce qu'il aura
fait sera de nulle valeur; & qu'à sa honte
& confusion l'on en mettra d'autres di-
gnes & capables qu'esliront lesdits Fondateurs.

Et faut noter, qu'il ne seruiroit à rien de
dire, que ceux qu'on voudroit mettre en
charge, au preiudice du droict de l'Eslection, seroient meilleurs, plus deuots, ou
plus vertueux : Car comme enseigne le
Docteur Angelique sainct Thomas, aux
Eslections des Superieurs il ne faut pas
seulement auoir esgard à la saincteté des
personnes , mais à l'vtilité publique,
dautant, adiouste ce Sainct, qu'il arriue
souuent que la personne qui n'est pas tãt
eminente en saincteté , peut dauantage
contribuer pour le bien commun : Et
pource que la dispensation des choses
spirituelles est principalement instituee
pour la consideration du bien commun,
suiuant la Reigle de l'Apostre, 1. *Cor.* 12.
Vnicuique datur manifestatio spiritus ad vtilita-
tem : De là vient que ceux qui ne sont pas
autrement si bons , sont preferez aux
meilleurs. Ce qui se voit clairement, ad-

iouſte-il, en ce que bien ſouuent Dieu
confere des graces gratuites, comme
par exemple, la prophetie, le don des lan-
gues, & la vertu de faire des miracles, aux
perſonnes qui ne ſont pas les meilleurs,
ny les plus parfaits; ainſi conclud il, qu'il
n'eſt pas neceſſaire d'eſlire celuy qui eſt
abſolument le meilleur, mais celuy qui
eſt plus propre pour le regime & gou-
uernement : & à ce propos ſe ſert d'vn
beau paſſage de ſainct Hieroſme, contre
ceux qui aux Eſlections & inſtitutions
des Superieurs, ſont preuenus d'affectió,
ou de paſſion, ou bien qui regardent à
leur propre intereſt ; Voicy les parolés,
ains les plaintes de ce grand homme.

Non quærunt eos in Eccleſia columnas erigere,
quos plus cognoſcunt Eccleſiæ prodeſſe, ſed quos
plus ipſi amant, vel quorum ſunt obſequiis de-
liniti, vel dediti, vel pro quibus maiorum quiſ-
piam rogauerit. C'eſt vn grand malheur, dit
ce Sainct, qu'ils ne cherchẽt pas à dreſſer
en l'Egliſe pour colomnes, les perſonnes
qu'ils cognoiſſent pouuoir y ſeruir &
profiter dauantage, ains celles qu'ils ayment le plus, & pour le ſeruice deſquelles ils ſont touchez ; ou bien pour ſatisfaire aux prieres & recommandations de

quelque grandeur interpofee pour ce
fubiet: dont il fenfuit, & de tout ce que
deffus, que le droict d'eflire des Superieurs, doit eftre libre , & qu'il ne peut
eftre tolly qu'iniuftement, & iniurieufe-
ment aux perfonnes qui en font en pof-
feffion: & que ce n'eft ny orgueil, ny opi-
niaftreté, ny rebellion, ny effect de mauuais confeil de le maintenir , principalement fi l'on garde le refpect & l'honneur
à qui il appartient , & que le tout fe face
auec l'efprit de paix, de douceur, & de
charité : car où il y a de l'impetuofité &
de l'aigreur, *Non ibi Dominus*, là n'eft pas
Dieu, comme l'enfeigne l'Efcriture, qui
d'ailleurs loüe le bon Nabot pour auoir
deffendu fa vigne, eftant refolu à fouffrir
pluftoft la mort, que de quitter lafche-
ment fon heritage, & qui couure de blaf-
me, & fleftrit la memoire de ceux qui luy
firent cet outrage : donc pour conclu-
fion, ie diray les mefmes paroles de Iefus-
Chrift à ce propos.

Beati qui perfecutionem patiuntur propter iu-
ftitiam, quoniam ipforum eft regnum cœlorum.
Il ne faut pas treuuer eftrange, que les enfans de Dieu fouffrent de l'affliction, mefme bien fouuent du cofté qu'on de-

D ij

uroit le moins l'attendre. Ifrael eftoit le peuple bien aymé de Dieu, & neãtmoins il permit que Dauid, qui d'ailleurs auoit de la vertu, fuft tenté du Diable, afin de nombrer le pcuple, d'où il aduint par apres cefte grande pefte qui defola tout le pays; *Confurrexit autem Sathan* (dit le Texte) *côtra Ifrael, &incitauit Dauid vt numeraret Ifrael.* Les afflictions & les croix font la part des enfans de Dieu, en tout il faut auoir le courage ferme, fuiuant les reigles de la prudence & de la dilection Chreftienne, & auoir recours à Dieu, qui finalement n'abandonne pas les fiens.

En l'annee mil cinq cents foixante & treize, le pere frere Seraphin Canali, General de l'Ordre des Freres Prefcheurs, faifant fa vifite au Couuent de Paris dudit Ordre, en expulfa, & fit fortir le Pere frere Nicolas Bourrin, lequel en interietta appel comme d'abus, & iceluy releué pardeuant la Cour de Parlement de Paris, il obtint Arreft le troifiefme de Iuin mil cinq cents quatre-vingts quatorze, par lequel il fut reftably, & fon expulfion iugee abufiue: *Chopp. de facr. polit. lib. 2. titul.* 8.

AVTRE ADVIS
de Conseil.

IL n'y a point de doute, que toute E-lection canonique, ne doiue estre libre, mesme le mot d'Election emporte vne parfaitte liberté. Car estant vne action de la volonté, voire la premiere & principale, par laquelle nous experimentons la verité de nostre libre arbitre contre les heresies de Caluin, & autres : il s'ensuit par necessité, que toute Eslection doit estre libre & sans contrainte : car où il y a de la crainte, la liberté est forcee, & plutost changee en necessité, & par consequent du tout contraire. Que si toute Eslection & choix doit estre libre, tant aux actions naturelles que morales, à plus forte raison ceste action, du merite de laquelle depend la perte, ou le gain de nostre salut; comme est celle des Superieurs és maisons religieuses, & Monasteres bien ordonnez, à cause des dangers & scandales qui n'arriuét que trop souuent en l'institution des Superieurs, à la volonté d'vne seule personne, ausquels les pauures Religieux font fouuent contraints d'obeir. Que la voye donc de mettre des Superieurs par Election, foit la meilleure & plus affeuree pour les fubiets en Religion, il confte mefme au choix que l'on faict du chef vifible de l'Eglife de Dieu, lequel n'eft point receu ny appreuué, s'il n'eft canoniquement efleu. Au cōmancement & premiere inftitution des Ordres de Religion en l'Eglife, la pratique & conftitution a toufiours efté, que les Superieurs maieurs & mineurs feroient par Eflection, *Omni finiftro fauore aut liuore femoto.* Et que purement & fimplement ce ne fe faifoit que pour la gloire de Dieu, & bien des fubiets. Mais pour fçauoir que c'eft qu'Eflection canonique, & pour la diftinguer de toute autre forte d'Election qui fe peut faire d'vn chaçun en particulier, le mot canonique le monftre affez, qu'elle doit eftre faite felon les Canons & regles que l'Eglife de Dieu a ordonné, pour efuiter les monopoles & feçrettes menees, & autres voyes illicites, & pernicieufes des Superieurs en l'Eglife. C'eft pourquoy apres tant d'autres Canons, & regles au droict Canon, *Titulo de electione, & electo-*

rum potestate. Le sainct & sacré Concile de
Trente en a faict des loix tres-expresses,
Sess. 25. ch. 6. In electione Superiorum, quorum-
cumque Abbatum temporalium , & aliorum
officialium , in quo omnia recte , & sine fraude
fiant, in primis sancta Synodus districte præcipit
omnes supradictos eligi debere per vota secreta.
Où suiuant la teneur de ce Canon, l'Ele-
ctiō est dicte Canonique, faite par les suffrages de ceux qui doiuent & sont capable d'eslire, sçauoir les subiets, car les Superieurs, comme Supèrieurs, ne peuuent
eslire sinon au cas qu'ils se rendent de la
qualité de subiect, parce que s'il est desia
Superieur , & vient à eslire vn Superieur,
ce seroit ou au regard de soy-mesme, qui
ne peut estre, car il seroit ensēble au respect du mesme, Superieur & subiect ; ou
au regard des autres, qui est autant im-
pertinent, dautant qu'il n'y a apparence
que les subiects , qui doiuent viure sous
l'obeissāce d'vn Superieur, veuillēt qu'il
soit choisi par ceux qui n'ont la volōté de
luy obeir : c'est proprement donner vn
Superieur , & non pas le choisir : ce qui
est du tout contraire à la nature , & condition de ceux qui s'obligent de viure en
Religion bien policee. Suffrages, dis-je,

D iiij

voix libres ; *Est enim de natura votorum, vt sint libera quia Electio, vt dictum est, actus est liberæ voluntatis.* A ceste liberté en Religion il n'y a rien plus repugnant que le monopole & secrette conspiration des Electeurs, & la faueur de quelqu'vn en particulier pour leur particulier contentement, ou faueur qu'ils peuuent esperer de l'Esleu. C'est pourquoy le Concile dit, *Vt sine fraude fiant.* Et en cores, *Per vota secreta :* Que s'il y a quelque monopole, intelligence & complot en faueur de quelque particulier, les suffrages ne sont pas secrets. Ceux qui sont du complot sçauent ceux qui ont donné leur voix, & qui ne l'ont pas, & par ainsi pechent contre le Decret qui dit , *Eligentium nomina non publicentur.* Mesmes par la declaration de la saincte Congregation sur ce Decret , il est porté, que si quelqu'vn sçauoit son Eslection auoir esté esté faite par monopole & par faueur, ou que l'on luy eust dit les noms de ceux qui luy auront donné les suffrages auant qu'estre confirmee ; *in foro conscientiæ*, il ne peut presider que sa Saincteté n'en soit aduertie, & qu'il reçoiue son institution immediatement de luy. Et voila que c'eſt en peu de mots, que veut dire vne Eſlection canonique.

AVTRE ADVIS DE CONSEIL.

TOus les Ordres des Religieux & Religieuſes, receuës par ſa Sainĉteté, ont des Regles & conſtitutions, auſquelles ils ſont tenus d'obeir, à peine de peché mortel, tellement que leſdits Religieux & Religieuſes, quant ils acceptent leſdites Reigles, ils font vœu & ſerment d'y ſatisfaire, autrement il n'y auroit que deſordre & confuſion dans les Monaſteres, & ſi les ſiecles ont permis quelque alteration auſdites Regles, l'on a touſiours reprins la pureté d'icelles.

Cela ſe verifie en l'Ordre ſainĉt Benoiſt, par ſainĉt Auguſtin, par ſainĉt Bernard, & par les Religieux Feuillans.

En celuy de ſainĉt François d'Aſſiſe, par les Recollez, les Capucins, & autres.

Le ſemblable aux Carmes & Iacobins.

Tellement que tous lefdits Religieux ont eu pour premier objiect d'adorer Dieu, & obferuer entierement leurs Regles & conftitutions, autrement ils ont creu eftre en eftat de damnation.

Les Theologiens enfeignent fuiuant les faincts Conciles & droict Canon, qu'vn inferieur peut defobeyr à fon Superieur en deux efpeces. La premiere s'il commande quelque chofe contre la grandeur & majefté de Dieu, & la feconde, fi c'eft contre la Regle & inftitution de l'ordre.

Et ce qui fait particulierement honorer & eftimer les Religieux Chartreux, procede de ce qu'ils n'ont iamais rien voulu augmenter ny diminuer à leurs Regles & conftitutions:tellement qu'ils n'obferuent ny font à prefent finon les mefmes chofes qu'ils faifoient lors de leur eftabliffement.

Les Regles & conftitutions des Monafteres viennent de Dieu, & font receues par les hommes, & d'icelles l'on fait lecture à ceux qui veulent entrer en Religion, defquels l'on reçoit les Vœux & ferment de les obferuer.

Que s'il eftoit permis aux Superieurs

de reformer lefdites Regles felon leurs volontez, ceux qui font entrez en Religion fous la faueur d'icelles feroient déceus & trompez, & les Superieurs qui en pourroient abufer donneroient lieu à de tres-grandes erreurs.

Et pour monftrer que l'on ne peut obliger les Religieux, qu'à garder lefdites Regles, fous lefquelles ils ont fait profeffion, encores qu'elles ne foient pas conformes à l'inftitution de l'ordre, & que par les fiecles il y ait eu quelque corruption, changement ou alteration d'icelles; il faut reprefenter ce qui s'eft paffé depuis peu de temps au Conuent des Cordeliers à Paris : Où le General dudit Ordre les voulant contraindre de reprendre la pureté defdites Regles, fuiuant l'inftitution d'iceluy, & lefdits Religieux fouftenant au côtraire qu'ils n'y pouuoient eftre aftraints, dautant que lors de leur profeffion on leur a fait entendre d'autres regles plus moderees, telles qu'ils obferuent prefentement: Surquoy y ayant eu de tres-grands differends, la Cour de Parlement de Paris qui prit cognoiffance d'iceux, par Arreft donné les Chambres affembiees, a

maintenu & conserué lesdites Regles,
pour viure audit ordre suiuant les constitutions qui estoient lors qu'ils sont
entrez audit Conuent.

A plus forte raison les Religieuses de
saincte Vrsulle de la ville de Dijon, qui
ne desirent qu'vne reguliere & entiere
obseruation de leurs regles, doiuét estre
conseruees & maintenuës en ceste sainte
affection & deuoir, dont si elles vouloient aucunement se departir, le Superieur les doit contraindre d'obeyr audi-
tes regles.

Finablement il se voit auiourd'huy en
l'Eglise de Dieu, que tous les bons Religieux n'ont autres intentions qu'à suiure
& obseruer entierement leurs regles, autrement qu'ils seroient en estat de damnation.

Apparoissant donc par les regles &
statuts dudit Conuent de sainte Vrsulle,
du pouuoir qui leur a esté donné d'eslire
vne Superieure. Et l'ayant fait canoni-
quemét en la presence du Directeur pour
l'absence de leur Superieur, il s'ensuit
qu'il ne peut la desmettre de ladite charge : Du moins il faut vne grande cognoissance de cause, & oüyr ladite Mere

& Religieuses auparauant que de pouruoir sur sa demission. A quoy adioustant que ledit Superieur l'auoit recognuë en ladite charge fort long-temps, il n'estoit plus receuable à la deposseder suiuant les regles de Droict: *Quod semel placuit, amplius displicere non potest.* D'ailleurs il y auoit appel de ses decrets & ordonnances verbales faites contre ladite Mere.

Ledit Superieur n'a encores eu aucune raison de refuser ausdites Religieuses d'eslire vne Superieure, sans preiudice de la reintegration de leurdite Mere, puisque tout son grief en ladite eslection estoit qu'elle auoit esté faite luy absent.

AVTRE ADVIS DE CONSEIL.

DAVTANT qu'on estime que les Religieuses de saincte Vrsulle de Dijō sont monopolees par ensemble, & par vne mauuaise conscience refusent d'obeyr à Monseigneur l'Euesque de Langres leur Superieur, & qu'on ne les condamne d'autre chose que de desobeyssance; elles monstrent simplement & religieusement leur innocence en ce poinct, tant par la doctrine des Theologiens, que par celle des Sainᵗˢ qui ont esté ensemblement grands Theologiens & tres-vertueux religieux.

Elles aduoüent donc en premier lieu qu'elles sont obligees d'obeyr à leur Superieur, non seulement en ce qui est escrit en leurs constitutions & regles: mais encore en ce qu'il plaira au Superieur de commander pour la plus commode & plus parfaite obseruation desdites regles, encores qu'il ne soit pas escrit en la regle (comme dit sainᵗ Bonauenture) que le Religieux doit obeyr à son Prelat quand il commande quelque chose qui appartient à la regle ou explicitement ou implicitement: Ce que sainᵗ Thomas, sur le second des Sentences appele directement ou indirectement , lequel s'explique dauantage , disant que cela appartient à la regle qui est non seulement escrite en icelle, mais qui en quelque façon se rapporte à icelle pour estre mieux, & plus parfaitement obserué. Et disent que monsieur de Langres ne peut iustement les accuser de n'auoir pas voulu obeyr en semblables commandements.

Elles disent en second lieu que le Reli-

gieux n'eſt pas obligé d'obeyr à ſon Superieur quand il commande quelque
choſe, ou qui eſt pardeſſus la regle, ou
qui n'appartient aucunement à l'obſeruation de la regle. C'eſt ce que dit ſainct
Bernard, le Prelat (ce dit-il) ne me commande rien de ce que ie n'ay pas promis,
qu'il ne me deffende rien de ce que i'ay
promis : car le ſujeċt par la loy d'obeyſſance ne peut eſtre contraint pardeſſus
ſa promeſſe. Et ſainct Thomas, ſur le ſecond des Sentences, L'obeyſſance ne s'e-
ſtend pas au delà du droiċt & de la puiſſance de la ſuperiorité, laquelle ſuperiorité eſt limitee ſelon la regle. Car le Religieux n'eſt pas obligé à dauantage que
le ſeculier, ſinon en tant qu'il s'eſt obligé
par vœu, & ſon vœu ne l'oblige à obeyr
que ſelon ſa regle. Gerſon au Traité de
la Vie ſpirituelle, leçon cinq & ſix con-
joinċtement auec ſainċt Thomas en la
ſeconde, dit que les Religieux profeſſent
l'obeyſſance, quand à vne conuerſation
reguliere, ſelon laquelle ils ſont ſujeċts à
leur Superieur, & partant ſont obligez
de luy obeyr touchant ce qui concerne
ceſte conuerſation reguliere, & que ceſte obeyſſance eſt ſuffiſante pour l'ac-

compliſſement de leurs vœux. Sainct Bonnauenture, ſur le ſecond des Sentences, dit que ſi nous parlons de l'obeyſſance ſelon ſon obligation neceſſaire, qu'elle a ſon terme & ſa meſure du vœu qui a eſté fait, car le Religieux n'eſt pas tenu d'obeyr à ſon Prelat dauantage qu'il n'a promis par ſon vœu, Et partant ſi le Prelat luy veut commander quelque choſe pardeſſus, qu'il n'eſt pas obligé au commandement: Par conſequent que les Religieux ne ſont iamais obligez d'obeyr à leurs Superieurs en tõutes choſes, encor que ce ſoit vn bon conſeil d'obeyr quand ce qui eſt commandé n'eſt pas contre Dieu: & vn peu plus bas, il dit que d'obeyr à tout ce qui eſt commandé ce n'eſt pas vne choſe ſeulement difficile, mais impoſſible. Et partant qu'on a preſcrit des bornes à l'obeyſſance par le moyen du vœu, qui s'entend ſelon la regle, autrement, comme diſent les Docteurs, il n'y auroit point de diſtinction és Religions ou Ordres Religieux : **A** quoy on peut raporter tout le Canon (, *præſens*) en la cauſe deuxieſme, queſtion troiſieſme. Où le Pape Nicolas premier ne veut pas que perſonne ſoit obligé

obligé que selon qu'il a choisi & qu'il a
professé par son vœu. Et la raison en est
peremptoire de tous les Casuistes qui disent, que personne n'est obligé, qu'entant qu'il a eu intention de s'obliger par
son vœu. Car l'obligation estant volon-
taire, elle depend entierement de l'intention qui s'exprime par le vœu. Et
partant quand on voudroit contraindre
lesdites Religieuses, en ce cas qu'en conscience, elles peuuent ne pas obeyr & ne
peuuent pourtant estre condamnees du
desobeyssance.

Toutefois, elles confessent en troisiesme lieu, que c'est vn conseil & vne grande perfection d'obeyssance, selon que disent sainct Thomas, sainct Bonnauentu-
ture & Gerson susaleguez, d'obeyr fran-
chement à son Superieur en toute chose,
où il n'y a point de peché ny de domma-
ge d'vn tiers, ny rien contre la regle ou
l'institution; & quand bien on douteroit
s'il y a du mal, qu'il est plus expedient
de déposer son doute pour s'accorder au
iugement de son Superieur sans s'enque-
rir dauantage si la chose est bien ou mal
commandee, en quoy consiste l'obeyssance, qu'on appelle aueugle, & laquel-

E

le sainct Paul semble nous conseiller aux Ephesiens sixiesme, obeyssez, dit-il à vos Superieurs auec crainte & respect en la simplicité de vostre cœur, & plus particulierement aux Hebrieux treiziesme, obeyssez à vos Maistres & Superieurs, & soyez leurs sujets, car ils veillent comme deuant rendre compte de vos ames, c'est à dire, que le Relieux n'apperceuant rien qui soit euidemment contre Dieu, ou contre ce qui a esté dit, il doit s'accorder au iugement de son Superieur, qui a pris la charge de sa conscience. Ainsi se doit entendre ce que dit sainct Hierosme, en ce que ton Superieur te commande t'est salutaire, & ne veille pas t'en chercher de la iustice de son commandement, puis que c'est ton office d'obeyr & d'accomplir ce qui est commandé, ayant dit Moyse au Deteronome sixiesme. Escoute Israël & te tais, & sainct Basile en ses Constitutions Monastiques chap. 23. Que celuy-là sera vn bon instrument de pieté qui sçaura bien obeyr en toutes choses, & sainct Gregoire sur le premier liure des Roys, dit qu'alors c'est vne vraye, & vne parfaite obeyssance quand le sujet & inferieur n'examine pas l'intention de son Superieur, & ne fait point de discretion en ses commandemens. La raison est qu'a touché sainct Gregoire au mesme lieu, & qui est rapportee de sainct Augustin, que c'est le droict du Superieur de commander, & le droict du suject d'obeyr: & partant, que lors qu'il y a seulement du doute, il faut plustost que le suiect s'accorde que ce que le Superieur s'accommode à son inferieur. Que s'il plaist à Monseigneur de Langres d'estre tant soit peu memoratif de se remettre en pensee l'estat du Monastere des Vrselines de Dijon, auant que ces troubles arriuassent, il verra que les Religieuses luy ont simplement & sincerement obey en ceste façon, en ce mesme en quoy les autres Monasteres n'ont pas voulu obeyr, & ont esté maintenus par sa Saincteté : Et partant que si maintenant il se plaint d'elles, en cas de ne vouloir pas obeyr, il faut que le suiect de ne vouloir pas accomplir le commandement, ne soit pas tant du costé des Religieuses, que du costé du commandement mesmes ou bien du Superieur.

Elles disent donc en quatriesme lieu auec sainct Thomas en la Seconde Seconde, le Cardinal Caietan au mesme lieu, Corduba sur la regle de sainct François, Panormitain, Siluestre Angelus, Pepas en la premiere partie de son Instructoire , & tous les autres Docteurs, que toutes & quātesfois que le Religieux remarque euidemment au commandemēt de son Superieur quelque chose qui est ou bien contre la regle & contre les Bulles de l'institution du Monastere, en quoy le Superieur n'a point de puissance de dispenser, ou qui est contre Dieu, ou qui est au preiudice d'vn troisiesme qui est innocent ; alors non seulement il n'est pas obligé d'obeir, mais en coscience il ne peut & ne doit pas obeir. Quant à ce qui est contre la regle & l'institut; l'on peut voir au droict Canon des Decretales que le Pape Honorius troisiesme , baillant à l'Abbé de Citeaux la forme de submission & d'assujettissement à son Euesque Diocezain, voulut particulierement que ces paroles y fussent incerees : *Saluo ordine meo*, C'est à dire comme l'explique la Glose, qu'il ne deuoit pas luy obeir en ce qui seroit contre la regle de son ordre. Quant à ce qui est contre Dieu, l'on peut voir les Canons : *Si quis*

Episcopus, §. *non semper* , & les suiuans, en la cause seconde, question troisiesme. Et la raison en est tres-manifeste portee aux Actes, Chap. cinquiesme. Qu'il faut plustost obeyr à Dieu, que non pas aux hommes : Et que par tout où se choquent deux commandemens, il faut plustost obeir à celuy qui est d'vne preeminance superieure, qu'à celuy d'vne inferieure, au commandement de Dieu que des hommes, & au commandement du Pape porté en ses Bulles & aux Saincts Canons que de l'Euesque. Quant à ce qui est au preiudice d'vn troisiesme, il n'y a rien plus commun dans le droict Ciuil & Canonique au chap. *Super eo* , & plusieurs suiuans, *de officio delegati.* au chap. *Quamuis, de rescriptis in* 60. au chap. *Tuarum de auctoritate.* chap. *& vsu palij.* au chap. *Quamuis pactum, de pactis.* Au sixiesme liure des Decretales, au chap. *Cùm contingat, de iureiurando,* & en la Loy deuxiesme, *ff. ne quid in loco publico.* Qu'il ne faut rien faire dont arriue du preiudice à vn tiers. Cause pourquoy tous les Canonistes & Casuistes ont conclud, que quand vn Clerc renonceroit à son priuilege , voire en iurant, que son iurement n'a point de force, non plus que ſa renonciation, & qu'il a peché mortellement, entant qu'vne telle renonciation ſeroit au preiudice de tous les Clercs : Et partant ſi les Religieuſes Vrſelines quittoient le droict d'élection par exemple qui eſt commun à tant d'autres Reguliers. Si elles vouloient prendre vne Superieure de la main de l'Eueſque ſeulement, ſans vn temps limité, contre leurs bulles, qui leur enjoint de faire élection incontinant : Si elles vouloient faire élection au preiudice d'vne autre qui eſt deſia Canoniquement éleuë & confirmee, ſans en auoir vne libre renonciation du conſentement du Chapitre. Si elles ſe vouloient laiſſer tranſporter à tout coup d'vn Monaſtere en vn autre ſans les neceſſitez portees expreſſement au droict dans les Bulles d'Vrbain IIII. & Pie V. &c. Si elles vouloient ouurir l'enclos de leur Monaſtere à tout propos ſans les grandes neceſſitez dont fait mention Gregoire XIII. en la Bulle : *Vbi Gratianus* : Si elles vouloient faire vne élection forcee par vne determination precedente de celles qu'on veut qu'elles élizent, d'autant qu'elles feroient éuidemment contre leur Inſtitut, contre les Canons, contre les Bulles des Papes, & au preiudice d'vn troiſieſme, s'expoſant à encourir des excommunications : Elles diſent qu'en tel cas elles ne peuuent obeir en conſcience, & qu'à tort on les accuſe d'eſtre monopolees & de n'eſtre pas obeiſſantes. Que pluſtoſt celles-là ſont condamnables, qui contre la charité & contre la iuſtice, contre l'obeiſſance qu'elles doiuent à Dieu, par vn grand ſcandale, au preiudice de tant d'ames & de conſciences, ont apporté le trouble en vn Monaſtere, qui viuoit auec tant de paix & d'édification de tout le monde.

AVTRE ADVIS DE CONSEIL.

LE ſcrupule propoſé, contient principalement deux poinꞓts, l'vn de ne point preiudicier au droiꞓt de la Mere depoſee, l'autre comment par vne nouuelle eſleꞓtion preſentee, on pourra ramener la paix au Monaſtere.

Quant à la premiere, il n'y a rien plus commun au droiꞓt, & chez les autheurs, qu'il ne faut pas oſter le droiꞓt acquis à

perſonne. Puis donc que la Superieure a
eſté canoniquement eſleuë,& deuëment
confirmee, & ne ſ'eſt propoſé aucun crime ſuffiſant pour la faire deſcheoir de
ſon eſlection, elle demeure touſiours en
ſon droict, & ne peut-on eſlire vne autre
en ſa place qu'elle n'ait perdu ce droit,ou
y ait renoncé:& que ſa renonciation ſoit
acceptee par celles qui l'ont eſleuë : car
la Congregation s'eſt obligee en l'eſli-
ſant de luy obeir , & la tenir comme Superieure : auſſi la Superieure s eſt obligee
par l'acceptation de ſon eſlection, à la
communauté, & au Monaſtere, de les
gouuerner : de laquelle obligation, elle
ne peut pas eſtre quitte, que par le conſentement de celles qui l'ont eſleuë,
comme diſent les Docteurs.

Pour donc accommoder le tout, à venir à vne nouuelle Eſlection,me ſemble,
ſauf meilleur iugement , qu'il faudroit
auoir vne renonciation libre de la Mere
depoſee par pretention,& que librement
laCongregation y conſentiſt.Ie dis librement , afin que par apres ne ſe puiſſe faire aucune exception de force , ou de
crainte.

Dautant que la Superieure , encor

qu'abfente, eft du Monaftere d'icy, & par
confequent a voix actiue & paffiue d Eflection, laquelle ne luy eft oftee par aucun crime, & que d'ailleurs ceux qui ont
voix doiuent eftre appelees, à peine de
faire caffer l'Eflection il faudroit que ladite Superieure renonçaft encore librement à fa voix, tant actiue, que paffiue,
par le confentement des filles, ou qu'elle
nommaft au Monaftere vne Procureufe
pour fa voix actiue feulement, renonçant
pour le bien de la paix à la paffiue: Et il eft
expedient, que ces renonciations fe facent & s'acceptent mutuellement, pour
auoir la paix, & ces renonciations faites,
on pourra proceder affeurement à vne
nouuelle eflection.

Dautant que l'Euefque ne veut pas
permettre ladite nouuelle eflection, fans
que celle qu'il a conftituée comme Superieure, ait efté recognuë quelque
temps en cefte qualité, on pourra, fans
preiudice de confcience, ce me femble,
accorder cela à l'Euefque, moyennant
cinq chofes.

La premiere, que dedans peu de temps
apres la renonciation de la Mere, il fera
faire l'Election libre. La feconde, que du-

rant le temps que ladite Superieure conftituee par l'Euefque gouuernera ; elle
n'enuoyera perfonne hors du Monaftere, & n'y en appelera d'autres d'ailleurs.
La troifiefme, que les Regles eftant ren-
dues, ladite Superieure conftituee gouuernera felon lefdites Regles, fans rien
innouer ny en la façon commune de
gouuerner, ny és Reigles, ny aux autres
Couftumes qui fe font pratiquees deuant
ces troubles icy; particulierement n'alie-
nera rien de l'argent du Monaftere. La
quatriefme, fi elles veulent maintenir
leur appellation, qu'elles proteftent que
cet accord qui fe faict pour la paix n'y
defroge de rié. La cinquiefme, que Monfeigneur l'Euefque leur baillera affeu-
rance des chofes par efcrit, veu qu'elles
ont affez d'experiéce que fa parole n'eft
pas affeuree, & faute d'execution en
tous ces poincts, qu'elles ne pretendent
plus recognoiftre la fuperieure conftituee, laquelle elles ne recognoiffent que
par gré purement, fans aucune obligation;veu que l'affiftante ayant efté efleuë
canoniquement, & confirmee pour eftre
Superieure, au lieu de celle qu'on a mis
dehors, en cas de fon abfence ou empef-

chement, c'eſt à elle qu'elles ſont obligees d'obeir, & non à autres: meſmement
que ledit Seigneur Eueſque a confeſſé
luy-meſme, & eſt vray qu'il n'eſt pas en
ſon pouuoir de mettre la Superieure.

Et dautant que toute ceſte procedure
& requeſtes ſont iuſtes & ſelon le droict,
on n'y peut rien oppoſer, & ſi Monſieur
les refuſe, il ſe met en ſon tort tout à fait,
& ne faut pas croire que les filles en pro-
cedant ainſi facent aucun monopole, ou
ſoient en mauuaiſe diſpoſition: car elles
ſe gouuernent ſelon les Reigles & les
Canons.

Particulierement il eſt grandement
neceſſaire, & au pluſtoſt, de faire entendre à Monſeigneur le premier Preſident,
que les filles ſe gouuernant ainſi, quittēt
quelque choſe de leur droict, & que ſi
toutes demeurēt iuſques à preſent, comme elles ont faict, elles n'ont faict aucun
monopole comme il le croit; ains que
veritablement elles ont gardé leurs Reigles, & qu'en matiere de commandement contre leurs Reigles, elles ne ſont
aucunement obligees d'obeyr, comme
diſent tous les Docteurs, & les ſaincts Canons; mais pluſtoſt que celles qui ſont

venuës de Chastillon, & sont du party de Monsieur de Langres, sont en continuel monopole, entant qu'elles trament contre leurs Reigles, & nourrissent la discorde qu'elles ont excitees, & pourroient bien encourir l'excommunication du droict, *c. indemnitatib.*

Est encore grandement expedient de faire bien entendre audit Seigneur premier President, que quand Monsieur l'Euesque dit, qu'en conscience il ne peut leur rendre leurs Reigles, dautant qu'elles ne sont pas disposees, ce n'est qu'vne couuerture, veu que ce sont les Reigles qui mettent en estat ceux qui ne sont pas disposez: Et quand on verroit leurs Reigles, on cognoistroit que tout le procedé des filles iusques à present, n'a esté que pour garder leurs Reigles, contre lesquelles elles n'estoient pas obligees d'obeir, & ne pouuoient pas en conscience.

Il ne faut pas aussi qu'il die, qu'en conscience il ne peut permettre l'eslection pour les mesmes causes, dautant que le droit demande que dans trois mois au plus, on la face, & les statuts & Reigles des filles le requierent incontinant.

CEs aduis & conseils esgalement iustes & doctes authorisēt tout ce qui a esté fait par ladite dame de Sanselle, fondatrice dudit Monastere, ladite Masoyer superieure, & lesdites Religieuses, pour la conseruation de la Bulle de sa Saincteté, Statuts, Regles & Constitutions de ladite maison. & passant outre à la representation de ce qui s'est fait aux differends susdits, les Lecteurs seront d'autant plus informez de la sincerité & candeur des actions de ladite Dame Fondatrice & desdites Religieuses.

Le seiziesme dudit mois de May, ledit Seigneur Reuerend Euesque entra seul audit Monastere par l'intelligence qu'il auoit auec lesdites sœurs de Chastillon: Lequel reuestu de son roquet blanc fit assembler les Religieuses Professes en Chapitre, qu'il reprit d'auoir tant ploré deuant les seculiers le iour precedent, lesquelles retournant aux larmes & souspirs, il changea de propos & commança de loüer la vertu de ladite Mere Masoyer Superieure, exhortant lesdites Religieuses de l'imiter, lesquelles entendant exalter leurdite Mere par celuy qui l'auoit traittee auec tant de rigueur, dont

l'objet leur eſtoit continuellement preſent, receurent de nouuelles douleurs,
autant ou plus ſenſibles que les prece-
dentes. Et toutes ces peines ſe peuuent
dire également incomprehenſibles
comme inſupportables.

Au ſortir dudit Chapitre, ledit Seigneur Reuerend Eueſque fut voir ladite
Dame de Sanſelle, qui eſtoit malade au
ſuiect de la tranſlation de ladite Mere.
Où ſe trouuerent leſdites Religieuſes,
leſquelles auec ladite Dame ſupplierent
ledit Seigneur de permettre vne électiõ,
ce qu'il ne voulut accorder, diſant qu'elles n'y eſtoient pas diſpoſees, & qu'il leur
donneroit vne Superieure iuſques à ce
que leurs eſprits fuſſent remis : A quoy
leſdites Religieuſes reſpondirent qu'elles eſtoient en toute tranquilité d'eſprit,
pour ce regard: neantmoins puis qu'il ne
l'auoit agreable, declarerent qu'elles
rendroient toute obeiſſance & ſubmiſſion à la Mere aſſiſtante, tenant lieu de
Superieure, en l'abſence de ladite Mere
Maſoyer, conformément à ce qui eſtoit
porté par leurs Regles. Et de la part dudit Seigneur Eueſque fut dit qu'il les feroit bien obeir à la Superieure qu'il eſta-

bliroit, & treuuoit fort eftrange que lefdites Religieufes euffent des fentimens
autres que les fiens , & qu'elles ne deuoient auoir autre confeil, inftruction &
aduis que de luy ou de ceux qu'il leur
vouloit donner , & qu'il euft bien defiré
eftre leur cher Pere , & qu'elles fe don-
naffent entierement à luy : A quoy lefdites Religieufes refpondirent que c'eftoit
à Dieu, qu'il falloit faire ce don, & non à
la creature: Ce que n'ayãt eu pour agreable , il leur dit, que cela procedoit de ce
qu'elles ne l'aymoient pour Superieur,
tellement que fi elles vouloient prefen-
ter requefte pour en demander vn autre,
qu'il l'appointeroit, l'enuoyeroit à Rome, donneroit deux cens efcus pour en
obtenir le bref , & feroit luy-mefme les
pourfuittes , ce que lefdites Religieufes
remirent à fa difcretion.

Le dixfeptiefme dudit mois de May,
ledit feigneur Reuerend Euefque def-
fendit au fieur Verriere Preftre , de ne
plus dire la fainête Meffe audit Couuent,
ny de confeffer ladite dame de Sanfelle
Fondatrice, s'il ne vouloit auoir de l'intelligence auec luy, auquel cas il luy permettroit de continuer ledit office, & de

confeſſer toutes les Religieuſes, comme
il faiſoit auparauant ſon interdiction ; ce
qu'il refuſa, aymant mieux eſtre priué
deſdits exercices que de bleſſer ſa conſcience : de ſorte qu'il luy commanda de
ne plus venir en ladite maiſon, le mena-
çant ſi on luy voyoit, qu'il le feroit appre-
hender, & chaſſer hors de ſon Dioceſe: ce
que ledit ſieur Verriere rapporta auſdites Religieuſes à ſon depart dudit Dijon:
Leſquelles capitulairement aſſemblees
ledit iour, declarerent que ſon expulſion
dudit Monaſtere n'eſtoit pas de leur
conſentement, l'ayant touſiours recognu perſonnage pieux & deuotieux, de
vertu & capacité requiſe à la fonction de
ladite charge de leur Confeſſeur, qu'il
auoit touſiours exercee au conſentemẽt
dudit ſeigneur Reuerend Eueſque, iuſques au temps des contrauentions par
luy faites à leurs Reigles & ſtatuts ; auquel ſieur Verriere elles en octroyerent
acte, ce requerant, pour luy ſeruir & va-
loir ce que de raiſon.

Le dixhuictieſme dudit mois de May,
ledit ſeigneur Eueſque eſtant au parloir,
y fit aſſembler les Religieuſes qui eſtoiẽt
de ſon intelligẽce, ſçauoir leſdites ſœurs

le

le Ieune, de la Croix, Guibert, & deux
sœurs layes: lequel donna à ladite le Ieune les clefs dudit Monastere, & leur dit
qu'il bailloit ladite sœur de la Croix
pour superieure.

Le lendemain dixneusiesme dudit
mois, ledit Seigneur vint audit parloir,
auquel ladite dame de Sansselle Fondatrice, assistee de qulques Religieuses, re-
presenta auec toute humilité le desordre
qui estoit audit Monastere, à cause desdites sœurs de Chastillon qu'il y auoit
fait venir ; à quoy il ne respondit aucune
chose, & dit ausdites Religieuses , que si
elles ne condescendoient à tout ce qu'il
vouloit, qu'il leur mõstreroit quel estoit
son pouuoir, & que par force il les feroit
obeir, vsant de son authorité absoluë, &
pour y paruenir qu'il feroit sortir de ladite maison aucunes desdites Religieuses.

Le vingtiesme dudit mois de May, ledit seigneur Reuerend Euesque, conti-
nuant ses visites iournalieres, vint audit
parloir à six heures du soir, auquel sœur
Geneuiefue Guibert de la Natiuité, &
sœur Marguerite le Ieune du sainct Sacrement, firent venir par force sœur Ma-

rie Thomaſſin, luy diſant que ledit Seigneur Eueſque l'affectionnoit à l'occa-
ſion d'vn de Meſſieurs les Conſeillers du
Parlement, laquelle ayant ſalüé ledit Seigneur, il luy dit ſi elle ne vouloit pas ſe
donner à luy afin d'augmenter ſon trou-
peau, & qu'il vouloit luy donner l'habit;
laquelle reſpondit ne le pouuoir faire
ſans peché:& il luy dit, ſi vous faites mal
en m'obeiſſant, ie prends le peché ſur
moy ; & fit tout ſon poſſible pour faire
condeſcendre ladite fille à ſa volonté, ce
qu'il ne peuſt obtenir.

Le vingt-ſixieſme iour de May, ledit
Seigneur Reuerendiſſime Eueſque, entra
audit Couuent à neuf heures du matin,
où il fut introduit par leſdites ſœurs de
Chaſtillon, à l'inſceu de toutes les Religieuſes ; lequel demanda les clefs du depoſt où eſtoient enfermez tous les tiltres
& argent de ladite maiſon, duquel ayant
eſté faict ouuerture, il ne s'y treuua aucune choſe, & demanda d'où prouenoit ce
vuide:auquel leſdites Religieuſes dirent
que ſur l'apprehenſion de l'Arreſt qu'il
auoit obtenu, lequel il auoit faict execu-
ter auec l'aſſiſtance de pluſieurs ſeculiers, elles auoient mis leurs papiers en

ſeureté hors dudit Couuent, qu'elles re-
tireroient lors qu'il y auroit vne Superieure eſleuë ſuiuant leurs Regles &
Statuts; ce fait il commanda à la Mere aſſiſtante, en vertu de la ſaincte Obediance, de ſe deporter de ſa charge; & par leſdites Religieuſes fut ſupplié de ne point
introduire ce deſordre, dautant qu'elles
ne pouuoient en conſcience obeir à autre qu'à ladite Mere aſſiſtante, iuſques à
ce qu'elles euſſent eſleu vne Superieure
ſans preiudice des droicts & pretentions
de ladite Mere Maſoyer; d'ailleurs qu'il
deuoit conſiderer qu'elles eſtoient appellantes de ſes decrets & ordonnances,
deſquelles l'effect eſtoit ſuſpendu; ſur-
quoy il leur dit qu'il les feroit obeir à la
Mere de la Croix par luy eſtablie; & en
cas de plus grande reſiſtance, ou que ladite Mere aſſiſtante vouluſt faire à l'aduenir les fonctions de ſa charge, qu'il priueroit abſolument leſdites Religieuſes
de la ſaincte Communion, & deffendroit
au Preſtre de leur adminiſtrer les ſaincts
Sacremens.

Le ſixieſme de Iuin, ladite Dame de
Sanſelle & Religieuſes, preſenterent requeſte à Meſſieurs les Maire & Eſcheuins
dudit Dijon, contenant que ſuiuãt leurs

Reigles , elles auoient continuellement
inſtruit les jeunes filles auec ouuerture
d'eſcole publique , & tenu penſionnaires
en leur maiſon, ſinon depuis quinze iours
que leſdites eſcoles auoient eſté fermees
par le commandement dudit Seigneur
de Langres, à leur grand regret, deſirant
de continuer tels exercices à l'honneur
de Dieu, contentement de ladite ville, &
profit de la jeuneſſe; & afin que ceſte ceſ-
ſation ne leur fuſt imputable, & ladite
jeuneſſe priuee de ladite inſtruction , enquoy faiſant le public en receuroit vn
tres grand intereſt, il fuſt pourueu au reſtabliſſement deſdites Eſcoles & pen-
tionnaires , ſinon leur donner certifica-
ſion de leurs bonnes volontez & ſubmiſſions, auec toute ſuffiſante deſcharge,
ſur laquelle requeſte fut reſolu que ledit Seigneur Eueſque en ſeroit aduerty
pour apres y eſtre pourueu.

Le huictiſme dudit mois de Iuin, ſœur
Marie Trebillon de ſainct Bernard, laquelle depuis peu de temps s'eſtoit vnie
auſdites ſœurs de Chaſtillon , par des ar-
tifices & ſurprinſes qu'il eſt plus ſeant de
taire que d'en parler, s'en départit, &
pour ſe reunir ſous l'obeiſſance de ladite

Mere affiftante, tout ainfi qu'elle faifoit auparauant, fit fa declaration en plein Chapitre tenu à fa priere , dont l'importance a merité que l'acte qui en a efté dreffé fuft cy-apres tranfcrit.

AV NOM DE DIEV,
Amen.

NOvs Affiftante & Religieufes du Couuent de faincte Vrfulle de Dijon , capitulairement affemblees apres auoir inuoqué la grace du fainct Efprit, pour aduifer fur les prieres que nous a faite fœur Marie Trebillon de fainct Bernard, & fuiuant la declaration qu'elle a faite ce iourd'huy huictiefme du mois de Iuin en plein Reffectoire, en prefence de toute la communauté : laquelle Sœur fondant toute en larmes a demandé tres-humblement pardon à Dieu, & à toutes les Religieufes, comme encore elle faict à prefent, de ce qu'à la perfuafion de quelques fœurs qui font du party de Monfeigneur de Langres, elle fe feroit feparee d'auec nous depuis le dixhuictiefme May dernier , confeffant

haut & clair en la prefence des fœurs dudit party , que pendant tout le temps
qu'elle a efte contre nous, elle a eu vn
continuel remords de confcience de s'en
eftre feparee fi legerement; ce qui luy a
fait s'abftenir depuis huict iours en ça de
la familiere côuerfation qu'elle auoit au-
parauãt auec ledit Seigneur de Langres;
& les fœurs Guibert, le Ieune, Doucieux,
& Barrette fœur laïque, qui font les quatre Religieufes qui fauorifent les intentions de noftredit Seigneur Euefque.
Nous, apres auoir meurement confideré
tout ce que deffus , & reprefenté par noftre tres-honoree fœur Claude de faincte
Agnes Mere affiftante; Auons vnanime-
ment, & d'vn commun confentement refolu de receuoir , & d'auoir pour agreable la recognoiffance faite par la fufdite
fœur Marie Trebillon de fainct Bernard,
& à l'imitation de noftre Sauueur, nous
la receuons derechef, & ambraffons des
bras de la charité, & d'vn cœur plein d'a-
mour & de dilection, Voulons & enten-
dons que le prefent acte foit inferé au liure des capitulations pour y auoir recours quand befoin fera.

Toutes ces actions eftant venuës à la

cognoiſſance de Monſieur le premier Preſident, & iceluy amplement informé de l'innocence & iuſtes intentions deſdites Religieuſes; il prit la peine de les voir le dixieſme dudit mois de Iuin, & offrit de ſ'employer pour pacifier ces differents auec le meſme zele qu'il auoit touſiours faict en diuerſes occaſions qui ſ'eſtoient preſentees, où il ſ'agiſſoit de l'honneur de Dieu, repos & tranquilité des maiſons religieuſes; & à cet effect, leur demanda ce qu'elles deſiroient dudit Reuerend Eueſque, leſquelles apres auoir tres-humblement remercié ledit Seigneur premier Preſident d'vne ſi charitable & ſaincte affection; luy firent trois propoſitions ſous ſon bon vouloir & plaiſir.

La premiere, qu'il pleuſt audit Seigneur de Langres de leur permettre de proceder à l'Eſlection d'vne Superieure auec toute liberté, ſans preiudice de la reintegratiõ de leurdite mere qu'il auoit releguee au Monaſtere de ſaincte Vrſulle dudit Chaſtillon.

La ſeconde, qu'il rendiſt les Regles & Conſtitutions dudit Couuent de Dijon, qu'il leur auoit oſtees quelque temps au-

F iiij

parauant lefdits differends.

Et la troifiefme, qu'il leur permift de parler à des Ecclefiaftiques reformez pour eftre confolees en leurs afflictions & aduerfitez.

Ce que ledit Seigneur premier Prefident ayant treuué iufte & raifonnable, il promit d'en prier ledit Reuerēd Euefque, duquel il leur feroit entendre la volonté, ce qu'il fit le dixiefme dudit mois de Iuin par fon Secretaire, fçauoir que ledit Reuerēd Euefque luy auoit dit, qu'il ne pouuoit accorder lefdites demandes iufques à ce que lefdites Religieufes euffent obey à la Superieure par luy eftablie audit Couuent ; Lefquelles capitulairement affemblees ledit iour , confiderans qu'elles ne pouuoient accorder en confcience ce que defiroit ledit Seigneur Euefque, attendu que cela eftoit contraire aux Saincts Conciles , Canons, Bulles , Regles & Statuts dudit Monaftere , ainfi qu'il leur auoit efté confirmé par plufieurs Religieux , refolurent pour fe conferuer en la pureté & netteté d'ames vrayement religieufes , de ne prendre ny receuoir aucune Superieure que celle qui feroit legitimement & canoni-

quement éleuë, dont elles firent aduer-
tir ledit Seigneur Président le mesme
iour, auec tres-humble supplication de
l'auoir agreable.

Le douxiesme dudit mois de Iuin, iour
de Feste de la Tres-saincte Trinité, ledit
Seigneur Reuerendissime Euesque donnant de plus grandes afflictions ausdites
Religieuses, leur fit refuser la saincte &
sacree Communion, tres-humblement
demandee au sieur Sayue son Aumosnier
apres la celebration du sainct Sacrifice
de la Messe en leur Chapelle, au grand
scandale de tous ceux qui estoient en ladite Eglise ; au moyen dequoy lesdites
Religieuses n'ayant point de vie en elles,
prierent ledit Aumosnier de supplier ledit Seigneur Euesque de leur permettre
la Communion comme à l'ordinaire, ce
qu'il obtint, pourueu que la Superieure
par luy establie fust la premiere: A quoy
lesdites Religieuses consentirent pour
obuier à vn semblable euenemét au iour
de Feste du sainct Sacrement, & ce faisant que ladite sœur de la Croix, nommee Superieure par ledit Seigneur Euesque, marcheroit la premiere pour la reception du sainct Sacrement sans y estre

obligee par aucun deuoir, ny que ceste defference fist preiudice à leurs appellations ; ce qu'elles declarerent à ladite sœur de la Croix pour ne s'en preualoir, & sans tirer à consequence à l'aduenir.

Le seiziesme dudit mois, ladite sœur de la Croix receut des lettres, concernant sa superiorité dont copie est cy-apres inceree.

IESVS MARIA,

Paix & Amour en ses Sainɔts Noms.

MA sœur, Dieu vous ayant fait la grace de faire choix entre tous les Ordres de celuy de saincte Vrsulle. Ceste élection est heureuse sous l'obseruation des Regles & Constitutions dudit Ordre, suiuant le vœu & serment que vous en auez fait, lesquelles Regles ont esté faites conformément à la Bulle de sa Saincteté & les saints Conciles approuuees & authorisees par Monseigneur vostre Superieur, & n'y a aucun Monastere en la Chrestienté qui n'ait ses Regles, les Religieux tenus d'y obeir, & les Supe-

rieurs à les faire obſeruer, telle eſt la doctrine de l'Egliſe, le conſeil des ſeruiteurs de Dieu, conſtituez aux principales charges & dignitez, pour regir &
gouuerner ceux qui leur ont eſté com-
mis des gens d'Egliſe plus pieux & deuotieux, & des Docteurs en Droict Canon:
Tellement que toutes les Religieuſes du
Conuent de Dijon, ſatisfaiſant à leur
deuoir, vœux & ſerment par l'entiere obſeruation de leuſdites Regles qu'elles
ont receuës du ſainct Eſprit. L'on a pris
ces iuſtes & ſainctes intentions pour des
deſobeiſſances, & ſous ce pretexte s'en
ſont enſuiuis les deſordres & ſcandales
que vous ſçauez, leſquels fourniſſent des
ſoûpirs & des larmes aux bons ſeruiteurs
de Dieu, qui prient continuellement ſa
diuine bonté d'auoir pitié de voſtre maiſon ; ſpecialement de vous, ma ſœur, qui
en eſtes la cauſe ſeconde par l'acceptation qu'auez faite de la charge de Superieure ſans élection, & de quelques autres en petit nombre qui vous aſſiſtent,
en quoy vous auez eſté grandement ſur-
prinſe, de tant plus que vous auez touſ-
jours teſmoigné depuis que vous eſtes
en la Religion vne grande pieté au ſerui-

ce diuin, & obſeruation de vos Regles,
qui eſt ce que l'on peut deſirer en vne
Religieuſe iuſte, & craignant Dieu, &
ces ſignalez teſmoignages de voſtre vertu, vous ont fait meriter la qualité de
Superieure dãs les maiſons plus releuees
de voſtre ordre par la voye ordinaire de
l'élection, ſans laquelle l'on n'y ſçauroit
legitimement paruenir. Ma ſœur, au
Nom de Dieu, entrez en vous-meſme,
& conſiderez où l'on vous a reduitte,
pour ſous voſtre nom acquerir la ſubuer-
ſion dudit Couuent, en quoy tous les autres du meſme ordre ſont intereſſez, meſ-
mes vos bonnes ſœurs de Langres, &
Chaumõt, qui plaident au Parlement de
Paris contre leurdit Superieur pour la
conſeruation deſdites Regles, & ſouffri-
ront pluſtoſt le martyr que d'y contreuenir pour ne point offencer Dieu ; vous
ne pouuez donc attendre qu'vn rigoureux chaſtiment de ſa diuine Majeſté. Si
vous perſiſtez en ceſte offence, vous ſuppliant au Nom de I E S V S, de vous en retirer, comme ont fait aucunes qui vous
aſſiſtoient, reüniſſez-vous à toutes vos
autres ſœurs pour l'obſeruation entiere
des Regles de voſtre ordre, entre leſ-

quelles l'élection d'vne superieure tient le premier rang comme la plus importante & necessaire : Et par ce moyen rendant à Dieu les vœux de vostre obeissance ; vous restablirez en ladite maison la paix & tranquilité, vous y estes encore inuitee par l'vnion, qui est entre toutes vos sœurs sous les fauorables effects du sainct Esprit, nonobstant les persecutions qu'on leur fait souffrir, les mesmes graces opereront en vostre endroit, s'il vous plaist de receuoir charitablement ces admonitions qui procedent de ceux lesquels n'ont autre object que l'honneur & la gloire de Dieu, repos & tranquilité de vostre maison.

Lesdites Religieuses considerans qu'il n'y auoit plus de moyen pour restablir l'ordre, qui deuoit estre suiuy & obserué audit Couuent, arrester le cours des entrepreprises dudit Seigneur Reuerend Euesque, à la totale ruine d'iceluy, tant par les actions dernieres de la demission de ladite Masoyer, establissement par luy fait d'vne Superieure sans aucune élection, que par les subsequentes, en la translation qu'il auoit deliberé de faire d'aucunes desdites Religieuses, & pour-

uoir au restablissement de ladite Mere
Masoyer, le dix-septiesme dudit mois de
Iuin, tindrent Chapitre, & resolurent
de toustenir les appellations par elles cy-
deuant interjectees, & entant que de besoin appeler comme d'abus des decrets
& ordonnances dudit seigneur.

Le semblable fut fait par ladite Dame
de Sanzelle Fondatrice, auquel effect
ladite Dame & Religieuses passerent les
procurations cy-apres.

PROCVRATION DE LADITE
Dame de Sanzelle.

Par deuant Philbert Camus Notaire
Royal & Garde-notaire hereditaire
à Dijon, residant en la parroisse sainct
Michel, soubs-signé, a comparu Dame
Catherine de Montholon Relicte de
Messire René le Beau sieur de Sanzel
Conseiller du Roy en ses Conseils d'E-
stat & Priué & Maistre des Requestes
ordinaire de son Hostel, Fondatrice du
Couuent des Religieuses saincte Vrsulle,
establies en ceste ville de Dijon, laquelle
de sa bonne volonté a nommé & consti-

tué son Procureur general , special & ir-
reuocable, maistre.

Auquel & à tous autres porteurs des
presentes , ladite Dame a donné & donne pouuoir de comparoir pardeuant
tous Sieurs Iuges , tant seculiers que reguliers , plaider, opposer, escrire , produire, appeler, renoncer si mestier est,
élire domicille. Et par special , pour declarer comme elle declare par cesdites
presentes , qu'elle aduoüe & appreuue
les appellations interjectees par les reue-
rendes Meres Superieure & Assistante, &
Religieuses dudit Couuent des Vrsulles,
& autres à interjecter , soit comme d'a-
bus ou autrement , ainsi qu'il sera treuué
bon par aduis de conseil, des ordonnances , decrets & procedures faites par
Monseigneur l'Euesque de Langres , &
autres, contre lesdites Meres Superieure,
Assistante & Religieuses , concernant
leur Ordre, Regles & Constitutions, que
ledit Seigneur Euesque veut reuoquer
& adnuller, tant au spirituel qu'au temporel , au grand preiudice dudit Couuent & de ladite Dame constituante
fondatrice d'iceluy . Soustenir pardeuant tous Iuges que besoin sera , lesdites

appellations fimples, ou comme d'abus,
auoir efté legitimement interjectees par
lefdites Religieufes, de l'aduis & confentement de ladite Dame conftituante
pour la conferuation de ladite maifon,
regles & conftitutions d'icelle faites
fuiuant la Bulle defa Sainéteté & les SS.
Conciles, ratifiees & appreuuees par ledit Seigneur Euefque, aufquelles regles
& conftitutions lefdites Religieufes ont
toufiours fatisfait, & entendent faire cy-
apres. Cefaifant, que illegitimement &
au preiudice defdits ftatuts, ladite Mere
Superieure a efté tiree & mife hors dudit Couuent & enuoyee en celuy de
Chaftillon, comme aufemblable, que
nullement & abufiuement ledit Seigneur Euefque a mis & eftably de fon
authorité priuee & abfoluë vne Mere
audit Couuent fans aucune élection,
contre toutes formes de Iuftice, & contre lefdits ftatuts & conftitutions, auquel cas, en l'abfence de ladite Mere, tiree dudit Couuent; ladite Mere affiftante deuoit eftre recognuë pour Superieure en iceluy Couuent, iufques au refta-
bliffement & reintegration de ladite
Mere, & pour plufieurs torts & griefs
qui

qui feront defduits en temps & lieu , &
generallement faire en ce que deffus
tout ce qu'à eftat & office de Procureur
appartient, encor que le cas requift mandement plus fpecial dont, &c. Promettant ladite Dame conftituante, releuer
fefdits Procureurs de toutes charges &
fatisfactions, fur peine de tous interefts
& defpens. Oblige fes biens par toutes
Cours Royales & autres, renonçant,&c.
Fait & paffé au Parloir d'embas ordinaire dudit Conuent, ce iourd'huy dixhùi-
ctiefme du mois de Iuin 1623. apres midy
és prefences de Maiftre Philbert Perref-
fot Procureur en Parlement & Claude
Hayret Clerc demeurant audit Dijon
tefmoins requis, leu & releu. La minutte
eft fignee de ladite Dame , defdits tefmoins & Notaire,   Signé P. Camus
                              Notaire.

AVTRE PROCVRATION DES-
dites Religieufes à mefmes fins.

PArdeuant Philbert Camus Notaire
Royal & Gardenot hereditaire,
refident à Dijon parroiffe fainct Michel,
                    G

& en presence des tesmoins, en fin nom-
mez au Conuent des Religieuses saincte
Vrsulle, estably audit Dijon au Parloir
d'embas ordinaire. Ont comparu Claude Couthier dite de Saincte Agnés Mere assistante Superieure dudit Conuent,
pour l'absence de la Reuerende Mere,
Ieanne Masoyer dite la Mere de Dieu,
Marguerite Quenot dite de l'Incarnation. Econome, Maistresse des Nouices,
Ieanne Martin dite la Visitation, Zelatrice, Marguerite le Page dite de saincte
Catherine, depositaire & secretaire du
Chapitre, Marie le Clerc dite de sainct
Augustin Portiere, Chrestienne des Bar-
res dite de la Passion Maistresse des Classes, Magdelene de la Bouttiere dite du
sainct Sacrement Sacristine, Marie le
Bret dite de l'Assomption ingere, A-
gnés Garnier dite de sainct Angel
maistresse des pensionnaires, Marie Ia-
chiel dite des Anges disatrice du cœur,
Marie Vrin dite de saincte Magdelaine,
Infiermiere, Ieanne de Chastelux dite de
saincte Vrsulle, Anne le Vacher dite de
Iesus, Ieanne Pourcelet dite du sainct Esprit, Bernarde Gautier dite de saincte
Croix, Denise Pheullebon dite de sain-

cte Clere, Chreſtienne Parreſſot dite de la Natiuité, Marie Trebillon dite de S. Bernard, & Ieanne Robert dite de ſain-cte Marthe : Toutes Religieuſes audit Conuent, leſquelles de leur bonne & franche volonté, ſelon qu'il a eſté reſolu capitulairement, ont nommé & conſti-tué leur Procureur general, ſpecial & ir-reuocable maiſtre.

Auquel, & à tous autres porteurs des preſentes : Elles ont donné & donnent pouuoir de comparoir pardeuant tous ſieurs Iuges, tant ſeculiers que reguliers, qu'il appartiendra, plaider, oppoſer, écri-re, produire, appeler, renoncer ſi meſtier eſt, élire domicile, & par ſpecial pour re-leuer en leurs noms les appellations qu'elles ont cy-deuant interjectees des ordonnances, decrets & procedures fai-tes par Monſeigneur l'Eueſque de Lan-gres, & autres contre ladite Mere Supe-rieurre, Aſſiſtante & Religieuſe, concer-nant leurs ordres, regles & conſtitutions que ledit Seigneur Eueſque veut reuo-quer & annuller, tant au ſpirituel que temporel, au grand preiudice dudit Couuent. Appeller de nouueau deſdites procedures ſi beſoin fait, tant comme

d'abus ou autrement, ainſi qu'il ſera treuué bon par aduis de conſeil, & ſouſtenir
icelle, auoir eſté legitimement interjectees pour la conſeruation deſdites Regles & Conſtitutions faites ſuiuant la
Bulle de ſa Sainĉteté, & les ſainĉts Conciles, ratifiee & appreuuee par ledit Seigneur Eueſque, auſquelles regles & ſtatuts, leſdites conſtituantes ont touſiours
ſatisfait, comme elles entendent faire cy-
apres ſans aucunement y contreuenir.
Ce faiſant, qu'illegitimement & au preiudice deſdits ſtatuts, ladite Mere Superieure a eſté tiree & miſe hors dudit
Couuent & renuoyee en iceluy de Chaſtillon, comme au ſemblable, que nullement & abuſiuement ledit ſeigneur
Eueſque, a mis & eſtably de ſon authorité priuee & abſoluë vne Mere audit
Couuent ſans aucune élection, contre
toutes formes de Iuſtice, & contre leſdits ſtatuts & conſtitutions : Souſtenir
qu'en l'abſence de ladite Mere Superieure, qui a eſté tiree dudit Couuent: Ladi-
teMere Aſſiſtante deuoit eſtre recognuë
pour Superieure en iceluy iuſques au reſtabliſſement & reintegration de ladite
Mere, & pour pluſieurs autres torts &

griefs qui feront defduit en temps & lieu
& generallement faire en ce que deffus,
circonftances & dependances, tout ce
qu'à eftat & office de Procureur appartient, encores que le cas requift mandement plus fpecial dont, &c. Promettant
lefdites conftituantes, releuer leurdit
Procureur, de toutes charges & fatisfactions. Sur peine de tous interefts & dé-
pens, obligent leurs biens par toutes
Cours Royales & autres, renonçant,&c.
Fait, leu, releu & paffé ce iourd'huy dix-
neufiefme Iuin mil fix cens vingt-trois
apres midy, és prefences de Maiftre
Philbert Parreffot Procureur en Parlement & Claude Hayret Clerc demeurant audit Dijon, tefmoins requis foubs-
fignez auec lefdites conftituantes & Notaire fur la minutte des prefentes,
    Signé P. CAMVS Notaire.
    Ladite fœur de la Croix n'ayant peu
def-vnir aucunes defdites Religieufes
pour la recognoiftre en ladite qualité de
Superieure : Se voyant toufiours reduite
à deux fœurs dudit Couuent de Chaftillon,& vne fœur laye dudit Dijon, à caufe
de la proximité de parente qu'elle auoit
auec vne defdites fœurs de Chaftillon,

G iij

Voulut introduire audit Monaſtere de Dijon vne fille de ſa faction, pour eſtre receuë ſœur laye, ſur lequel deſſein la Mere aſſiſtante, & les Religieuſes aſſemblees capitulairement le 23. dudit mois de Iuin, reſolurent de ne permettre l'entree audit Monaſtere à la ſuſdite fille, ny autres que ſuiuant leurs regles, qui portent que la Mere Superieure & la Maiſtreſſe des Nouiſſes examineront les filles qui ſe preſenteront, pour eſtre receues en premiere brobation, nonobſtant laquelle reſolution, ladite ſœur le Ieune ayant voulu ouurir à leur inſceu la porte conuentuelle, pour donner entree à ladite fille qui eſtoit de ſon pays, leſdites Religieuſes y donnerent empeſchement, en ſorte qu'elle ne fut receuë audit Couuent.

Toutes ces inuention reduittes dans le neant, l'on recourut pour vn dernier effort au Couuent de ſaincte Vrſulle de la Ville d'Auxerre, afin d'en tirer des Religieuſes pour venir audit Monaſtere de Dijon; ce que l'on ne peuſt obtenir, tant par deffaut de puiſſance, que de volonté de la part deſdites Religieuſes.

En execution des reſolutions priſes

parladite Dame de Sanselle Fondatrice,
& lesdites Religieuses d'interietter appel comme d'abus, des decrets & ordonnances dudit seigneur Reuerend Euefque; elles esmirent lesdites appellations
le 25. dudit mois de Iuin, par aduis de
Conseil, des plus grands personnages en
doctrine au droict Canon & Ciuil, des
villes de Paris, de Dijon, & Lyon, & de
plusieurs gens d'Eglise des Ordres refformez desdites villes, aussi tres-doctes
en Theologie, auoient exactement veu
& examiné toutes les procedures, & actes
cy-de uant declarez, lesquels y apporterent l'affection que les personnes de probité & merite ont accoustumé : mesme
ayant esgard à la qualité desdites parties,
ainsi qu'il est porté par l'acte cy-apres.

ACTE D'APPEL.

Dame Catherine de Monthelon, relicte de Messire René le Beau, sieur
d e S ansel, viuant, Conseiller du Roy en
se s Conseils d'Estat & Priué, & Maistre
o rdinaire des Requestes de son Hostel,
F ondatrice du Couuent des Religieuses

saincte Vrsulle, establies en ceste ville de Dijon, sœur Claude Couthier, dite de saincte Agnes, Mere assistante, Superieure dudit Couuent, pour l'absence de sœur Ieanne Masoyer, dite de la Mere de Dieu, Mere Superieure; Marguerite Quenot, dite de l'Incarnation, econome, maistresse des Nouices; Ieanne Martin, dite la Visitation, zelatrice; Marguerite le Page, dite de saincte Catherine, depositaire & Secretaire du Chapitre; Marie le Clerc, dite de sainct Augustin, portiere; Chrestiéne Desbarres, ditte de la Passion, maistresse des Classes; Magdelaine de la Bouttiere, ditte du sainct Sacrement, Sacristine; Marie le Bret dite de l'Assumption Lingere, Agnes garnier ditte de sainct Angel maistresse des pensionnaires, Marie Iachel ditte des Anges disatrice du cœur, Marie Vrin ditte de saincte Magdelaine Infirmiere, Ieanne de Chastelux ditte de saincte Vrsulle, Anne le Vachier ditte de Iesus, Ieanne Pourcelet ditte du sainct Esprit, Bernarde Gaultier ditte de saincte Croix, Denise Pheullebon ditte de saincte Clere, Chrestienne Parressot, ditte de la Natiuité, Marie Tebilló ditte de sainct

Bernard, & Ieanne Robert ditte de saincte Marthe : Toutes Religieuses audit
Couuent, declarent par cestes à Monsieur le Reuerendissime Euesque de Langres, Duc & Pair de France, qu'elles in-
teriettent appel comme d'abus, tant de
la translation de la personne de sœur
Ieanne Masoyer ditte de la Mere de
Dieu, Superieure dudit Monastere, trans-
feree par le commandement dudit sieur
Euesque de Langres en la ville de Chastillon, contre les Canons, Statuts, & Reigles desdites Religieuses, comme encores de la nomination par luy faitte de
sœur Charlotte Doncieux ditte de la
Croix pour Superieure, & inionctions de
luy obeir, & de l'establissement de son
propre mouuement & de sa volonté de
sœur Marguerite le jeune, ditte du sainct
Sacrement pour tourriere au dedans, &
de Louyse Iaupy pour tourriere au dehors; deffences faites à ladite Claude
Coutier ditte de saincte Agnes, de continuer sa charge de Mere assistante, & entant que besoin seroit du reffus, ou au-
ctorisation designee par ledit sieur Euesque de Langres ausdites Religieuses, de
proceder librement à toutes eslections

conuenables, aux formes portees par lefdits Satuts, & subfecutiuement de la de-
negation ou retardement de la reception
des Nouices & Profeffes, & particuuere-
ment des excommunications, interdi-
&tions des fainéts Sacremens, entrees
iournalieres dudit fieur de Langres audit
Monaftere, hors le temps & formes prf-
fcrites, & finalement de tous autres actes
qui s'en pourroient eftre, enfuiuis preiu-
diciables à l'Ordre, reiglement, & obfer-
uance defdits Statuts, pour les torts &
griefs qu'elles defduiront en temps &
lieu, proteftans à cet effet de eux pouruoir, ce qu'elles requierēt eftre fignifiee.

Lequel acte d'appel fut receu par Arreft de la Cour du vingt-fixiefme dudit
mois pendant que ledit Seigneur Reuerend Euefque eftoit audit Parlement, &
ordonné qu'il luy feroit fignifié, ce qui
fut fait le mefme iour.

Defquelles appellations interjeétees
par ladite Dame de Sanzelle Fondatrice, & lefdites Religieufes : Elles donnerent aduis à Monfieur le premier Prefident par leurs lettres miffiues du vingt-
feptiefme dudit mois de Iuin, afin qu'il
luy pleuft auoir pitié defdites Religieu-

fes, & les affifter de fa bonne iuftice &
protection ainfi qu'il eft contenu par lefdites lettres.

LETTRES MISSIVES AVDIT
Seigneur premier Prefident.

MOnseignevr,
Voftre pieté & charité ordinaire,
fpecialemēt aux Religieufes qui ont efté
eftablies en cefte ville, foubs la faueur de
voftre authorité, dont nous rēdons loüãges & benedictions continuelles à Dieu,
Nous permettra, s'il vous plaift les mains
jointes, humblement profternees à vos
pieds, de recouurir à voftre grandeur,
pour vous fupplier, au Nom de I E S V S,
d'auoir pitié de nous, eftans reduites à
prefent à des afflictions fi fenfibles qu'il
ne nous refte en noftre innocence que
des foufpirs & des larmes. Vous pouuant
affeurer, Monfeigneur, que n'auons iamais eu autres intentions que la gloire
& l'honneur de Dieu, l'obeyffance à
Monfeigneur noftre Superieur, & obfer-
uation de nos Regles & Conftitutions,
fuiuant le vœu & ferment que nous en
auons fait : Ce qu'ayant efté prins pour
vne defobeyffance, nous en fouffrons vn

rigoureux traittement, mesmes en la de-
fence qui nous a esté faite, de nous admi-
nistrer la saincte Communion ; en quoy
consiste le plus haut degré de nos la-
mentations: On nous veut encores oster
de ce Couuent, où nos Peres ont donné
partie de leurs biens pour nostre nourri-
ture & entretenement, & nous éloigner
de ceste prouince, qui est contre l'ordre
estably en tous les Monasteres des Religieuses enfermees, afin d'obuier aux inconueniens que tels voyages pourroient
rapporter, & la nouuelle Mere que l'on
nous veut donner pour Superieure sans
aucune élection, & contre les formes ordonnances, contribuant tout ce qu'elle
peut à l'augmentation de nos afflictions,
nous a reduit à des extremitez humainement insupportables : Tellement que
nous esperons que Dieu, Protecteur &
Deffenseur de nostre innocence, exau-
cera nos prieres perpetuelles pour le restablissement de nostre Mere Superieure,
& conseruation de nostre Couuent sous
l'obseruation de nos regles & constitutions, qui est tout ce que l'on peut rechercher aux Monasteres les mieux re-
glez au seruice diuin & salut des Reli-

gieuſes : Cependant , prenez s'il vous
plaiſt, Monſeigneur pitié de nous , qui
recourons, à voſtre iuſtice & protection,
à ce qu'il vous plaiſe en attendant que
les appellations que nous auons interjectees des contrauentions faites à
noſdites conſtitutions & reſtabliſſement
de noſtre Mere Superieure ſoient termi-
nees, il ne ſoit rien fait ny innoué au preiudice deſdites appellations : Et par ce
moyen, vous donnerez quelque repos &
tranquilité audit Couuent, duquel toutes les Religieuſes prieront Dieu perpetuellement pour voſtre grandeur , proſperité & ſanté, auec la meſme humilité
& affection que nous ſommes.

MONSEIGNEVR,

> Vos plus humbles, plus
> obeyſſantes & indignes
> petites Seruantes , les
> Religieuſes de ſaincte
> Vrſulle.

CE s lettres furent preſentees audit
premier Preſident, auec tres-humble ſuplication de la part deſdites Reli-

gieuſes, que leſdits differends fuſſent ter-
minez par voye amiable ainſi qu'elles
auoient touſiours deſiré , & fait ſupplier
à diuerſes fois ledit Seigneur Reuerend
Eueſque: Ce qu'elles ne pouuoient plus
eſperer que de la bonté & miſericorde
de Dieu, authorité & pouuoir dudit Seigneur premier Preſident, lequel comme
iuſte & craignant Dieu, & des plus grandes & illuſtres maiſons de ce Royaume:
Grand Iuſticier, Prudent, Charitable, &
qui a toutes les qualitez requiſes à la dignité de ladite charge, receut benigne-
ment leſdites lettres , miſſiues & ſupplications de ladite Dame de Sanzelles &
Religieuſes, ſuiuant leſquelles il pria de
rechef ledit Seigneur de Langres de leur
accorder l'élection d'vne Superieure par
les formes ordinaires, ce que n'ayant peu
obtenir, il fit entendre auſdites Religieuſes le vingt-neufieſme dudit mois, qu'il
luy auoit dit ne pouuoir, en conſcience,
permettre ladite Eſlection , eſtans leurs
eſprits remplis de paſſions ſi deſreglees,
qu'il ne faloit eſperer que des brigues &
monopoles en l'Eſlection par elles requiſe , tellement qu'il vouloit que ladite
ſœur de la Croix fut recognuë pour Su-

perieure : Surquoy lefdites Religieufes
capitulairement affemblees ledit iour,
apres auoir recogneu qu'il n'y auoit en
elles qu'vn zele à la conferuation de
leurs Regles & Statuts, fans aucunes brigues ny monopoles, mais auec fincerité
de confcience, proceder à l'Eflection
d'vne Superieure, & que ces pretextes ne
fe pouuoient veritablement rapporter
qu'aux fœurs de Chaftillon, qui en
auoient donné plufieurs tefmoignages,
& fur le defefpoir d'en tirer les fruicts
qu'elles efperoient: l'on pretendoit reietter fes fautes fur lefdites Religieufes qui
n'en auoient iamais eu la penfee, elles refolurent puis que la voye d'Election leur
eftoit interditte de ne recognoiftre autre
Superieure que la Mere affiftante, ce qui
eftoit autant iufte, fuiuant leurs Reigles
& Statuts, qu'iniufte de les vouloir contraindre de receuoir vne Superieure fans
Eflection, contre leurs Reigles & Statuts.

Ledit Seigneur Prefident perfiftant
toufiours en fes premieres intentions de
terminer lefdits differends par les voyes
les plus iuftes & ciuiles qu'il luy feroit

poſsible diuinement inſpiré, à ces ſainctes reſolutions fiſt aſſembler les Superieurs des Couuens des Cordeliers, Iacobins, Capucins, Feuillans & aucuns
des principaux de la venerable compagnie du Nom de Ieſus dudit Dijon, afin
d'auoir leurs aduis ſur leſdites contentions : Leſquels Eccleſiaſtiques, apres
auoir examiné les cauſes & motifs deſdits differends, & ſur iceux allegué les
ſainⱷts Conciles, Droiⱷt Canon, doctri-
nes & preceptes de pluſieurs ſainⱷts Perſonnages, & des Peres, Bulles, Regles,
Statuts & Conſtitutions dudit Couuent:
Determinerent d'vn commun conſen-
rement, qu'en conſcience leſdites Religieuſes n'eſtoient pas tenus d'obeyr à ladite ſœur de la Croix eſtablie pour Superieure audit Couuent ſans aucune élection, & qu'il deuoit eſtre permis audi-
tes Religieuſes de s'aſſembler, pour en
toute liberté élire vne Superieure ſans
preiudice des pretentions de ladite Mere Maſoyer, depoſſedee de ladite charge: neantmoins pour teſmoigner de la
part deſdites Religieuſes vne tres-grande humilité & ſubmiſſion aux commandemens

demens dudit Seigneur Reuerend Euefque leur Superieur. Elles pouuoient
pour quelque peu de temps obeyr à ladite sœur de la Croix en qualité de depositaire de ladite Superiorité en attendant
ladite élection.

Siuiuant laquelle resolution , que ledit
Seigneur premier President treuua iuste
& equitable , fut dit que lesdites Religieuses deuoient obeyr à ladite sœur de
la Croix en la susdite qualité de depositaire iusques à la Feste de saincte Marie
Magdelaine , auquel iour ledit Seigneur
Reuerend Euesque leur permettroit de
proceder à nouuelle élection d'vne Superieure canoniquement selon les Regles dudit Monastere, en laquelle assem-
blee il presideroit , & en son absence
monsieur Fyot son grand Vicaire qui
confirmeroit la Superieure esleuë, & où
ladite eslection ne se feroit audit iour,
que lesdites parties demeureroient en
leurs droicts & pretentions comme auparauant, & sans que ladite submission
& obeyssance à ladite sœur de la Croix
depositaire puisse preiudicier ausdites
Religieuses: Laquelle eslection faite ledit Seign. R. Euesque , leur restabliroit

H

les originaux des regles & conſtitutions dudit Couuent, en la meſme forme & teneur qu'elles auoient eſté miſes en ſes mains, & qu'on ne pourroit ſortir aucunes deſdites Religieuſes dudit Monaſtere, ſans le conſentement du Chapitre, n'y en receuoir ou donner l'habit à aucunes ſeculieres que ladite eſlection ne fuſt faite ; Pendant lequel temps toutes les officieres de ladite maiſon continueroient ledit exercice de leurs charges, ainſi qu'elles faiſoient à preſent, & au cas qu'en l'eſlection ſuſdite, la Superiorité n'eſcherroit à l'vne des trois Religieuſes que ledit Seigneur Eueſque auoit fait venir du Couuent de Chaſtillon en celuy de Dijon qui ſont ſœurs , Geneuiefue Guibert de la Natiuité , Marguerite le Ieune du ſainct Sacrement , & Charlotte Doncrieux de la Croix , les autres les traitteroient charitablement, & leur donneroient le rang qui appartenoit à l'ordre de leurs receptions , leſquelles demeureroient au deuoir de Religieuſes auec humilité & obeyſſance à la Superieure.

Ces reſolutions priſes , il fut propoſé vn expedient, ſçauoir qu'il ſeroit permis

auſdites Religieuſes d'eſlire preſentement vne Superieure, pourueu qu'elles
fiſſent ladite ſœur Doucieux de la Croix
aſſiſtäte, & ladite ſœur le Ieune du ſainct
Sacrement, tourriere au dedans ; ce
qu'ayant eſté repreſenté auſdites Religieuſes par deux Eccleſiaſtiques à ce deputez ; elles declarerent n'y pouuoir aucunement conſentir, d'autant qu'elles
n'auoient accouſtumé en leurs Eſlections, de faire des brigues & monopoles directement ou indirectement, ains
de recourir au ſainct Eſprit, afin de faire
choix des plus capables pour porter leſdites charges conformément à leurs Regles, auſquelles leſdites Religieuſes ne
vouloient contreuenir en quelque façon
& maniere que ce fut ſelon leurs vœux.
De conſequent que leſdites ſœurs de
Chaſtillon deuoient ſe reſigner entierement à la volonté de Dieu ſur le faict deſdites charges, comme faiſoient toutes
les autres Religieuſes dudit Monaſtere,
deſquelles les deſirs en eſtoient fort eſ-
loignez, & par leur deuoir ; & par la conſideration du traittement qui auoit eſté
faict à leur Mere Superieure, duquel leſdites ſœurs de Chaſtillon eſtoient diſ-

H ij

penfees, non feulement par les premieres intentions de leur arriuee audit Couuent de Dijon, fous l'authorité & commandement dudit Seigneur Euefque:
mais par les fecondes, les ayant introdui-
tes aux principales charges fans eſleſtiõ,
dont leſdits Religieux ayant faiſt rapport, deux autres de ladite aſſemblee ſuc-
ceſſiuemẽt furent deputez pour les mefmes intentions; leſquels profiterent auſſi
peu en leurs propoſitions que les precedens, Dieu ayant faiſt la grace auſdites
Religieuſes, de reietter ſes expediens
pour demeurer en la pureté d'ames
vrayement religieuſes.

Ce que l'on fit entendre audit Seigneur
Reuerend Euefque, auec priere d'auoir
agreable leſdites reſolutions auſdites
Religieuſes, leſquelles accepterent ce
qui auoit eſté arreſté par leſdits Eccleſiaſtiques : & par aſte capitulaire du premier de Iuillet audit an, promirent y ſatisfaire.

Aduenu ledit iour de feſte ſainſte Marie Magdelaine, ledit Seigneur premier
Preſident fit prier Monſieur le Reuerend Euefque, de permettre l'Eſleſtion
d'vne Superieure audit Couuent, confor-

mément ausdits articles, ce qu'il accorda, declarant qu'il en auoit donné le pouuoir audit sieur Fyot son grand Vicaire, auquel lesdites Religieuses s'adresserent auec supplication de se treuuer audit Couuent, pour estre procedé à ladite Eslection, lequel s'en excusa, attendu qu'il estoit deux heures apres midy, & remit le tout au lendemain, estant necessaire en yne action si importante de receuoir au sainct Esprit, & dire la saincte Messe suiuant les Statuts dudit Monastere, auparauant que de faire aucune eslection.

Ce iour tant desiré pour l'honneur & gloire de Dieu, repos & tranquilité dudit Monastere estant escheu, ledit sieur Fyot grand Vicaire se treuua en la chapelle dudit Couuent, & lesdites Religieuses, au lieu où elles auoient accoustumé de s'assembler pour le seruice diuin, lesquelles dirent l'Hymne de *Veni Creator Spiritus*, & ledit sieur grand Vicaire la Messe du S. Esprit. Ce fait il receut les voix & suffrages desdites Religieuses selon la forme ordinaire & les billets par luy veus, sœur Claude Couthier de S. Agnés fut nommee Superieure par ledit sieur Fyot, auec commandement audi-

tes Religieuſes luy obeyr , & depuis s'e-
ſtant aſſemblees en leur Chapitre, ladite
Superieure prit poſſeſſiõ de ladite charge;& fit eſlection auec leſditesReligieu-
ſes de ſœur Marie le Clerc de S. Auguſt.
pour aſſiſtante , & ladite Superieure par
l'aduis & conſeil de ladite aſſiſtãte, nom-
ma ſœur Magdelaine de la Bouttiere du
S. Sacrement pour-touriere au dedans
dudit Monaſtere;à laquelle ladite Superieure donna toutes les clefs d'iceluy.

Deſquelles eſlections leſdites Religieuſes rendirent graces à Dieu, auec prieres
à ſa diuine Majeſté pour leſdits ſeigneurs
& leur en donnerent aduis par leurs lettres miſſiues, auec tres-humble ſupplication audit Seigneur Reuerend Eueſque,
d'auoir agreable ledites eſlections,& audit Seigneur premier Preſident de continuer audit Monaſtere la faueur de ſa
charitable protection , luy offrant des
prieres perpetuelles à Dieu, pour la conſeruation de ſa grandeur, proſperité &
ſainteté, lequel Seigneur Preſident, qui
tient le premier rang,authorité & dignité d'honneur en la prouince de Bourgõ-
gne,iuſtement deub à ſes perfections qui
luy font meriter, comme à ceux de ſon

nom les plus gands offices, charges & dignitez de la couronne. A reſtably audit
Monaſtere, ſous vne fauorable paix &
tranquilité l'obſeruation des Bulles de ſa
Saincteté, regles, ſtatuts & conſtitutions
de ladite maiſon & conſeruation d'icelle
pour l'hône ur & gloire de la diuine Majeſté & de ſon Egliſe, ce qui ne ſe pouuoit
rencontrer qu'en ce Prince du ſouuerain
Senat, lequel remply de charité, qui eſt
le threſor de toutes les vertus, en doit
attendre la recompence en l'eternité des
bien-heureux.

MONSEIGNEVR,
La permiſſion qu'il vous pleu de
nous donner d'eſlire vne Superieure,
prouient de voſtre bonté & charité paternelle enuers vos tres humbles filles &
ſeruantes, leſquelles n'ont autre deſir
qu'vne obeiſſance à l'honneur de vos
commandemens, tellement que nous
vous rendons actions de graces de ceſte
faueur, à laquelle adiouſtant infinies autres qu'il vous a pleu de nous faire, nous
vous auons conſacré vn temple d'obeiſ-

ance au milieu de nos cœurs, que nous vous supplions, Monseigneur, de recevoir, & de nous accorder l'honneur de voſtre preſence, pour proſternez à vos pieds, receuoir voſtre miſericorde ſous vne oubliance de tout ce qui s'eſt paſſé, cela eſt digne, & conuenant à voſtre Religion, grandeur & pieté ordinaire, ſous leſquelles perfections, nos prieres continuelles à Dieu & nos larmes, nous eſperons de l'obtenir, & que vous nous continuerez voſtre protection, comme noſtre tres-honoré Superieur; nous auõs prié Monſieur Vallon de vous repreſenter (Monſeigneur) nos Eſlections, ſçauoir de Claude Coutier de ſaincte Agnes pour Superieure, de Marie le Clerc de ſainct Auguſtin pour aſſiſtante, & de Marie de la Bouttiere du S. Sacrement pour tourriere, auec tres-humble ſupplication de l'auoir agreable, & de nous en accorder la confirmation, ce que nous faiſons encores par la preſente, en attendant qu'il plaiſe à Dieu nous faire la grace que nous puiſſions de viue voix vous proteſter noſtre tres-humble ſeruice & obeiſſance, receuez s'il vous plaiſt, Monſeigneur, ces volontez leſquelles feront

tousiours suiuies de leurs effects, demeurant perpetuellement,

MONSEIGNEVR,

*Vos tres-humbles & tres-obeiſſantes filles
en noſtre Seigneur , les Religieuſes de
ſaincte Vrſulle de Dijon.*

---

*AVTRE LETTRES DESDITES
Religieuſes audit Seigneur premier Preſident.*

MONSEIGNEVR,
Nous tenons de Dieu & de vo-
ſtre authorité & charité , la permiſſion
qui nous a eſté donnee par Monſeigneur
l'Eueſque de Langres d'eſlire vne Superieure, ce que nous auons fait de la Mere
de S. Agnés, pour aſſiſtante la ſœur de S.
Auguſtin, & pour-touriere la ſœur du S.
Sacrement, & parce moyen nous eſta-
blirons la paix & tranquilité qui eſtoit
en la maiſon auparauant les derniers
mouuemens , pour l'entiere oubliance
deſquels nous recourons à voſtre protection. Vous ſuppliant, Monſeigneur, de
nous accorder vos prieres à cét effet enuers ledit Seigneur noſtre Superieur, lequel auons cy deuant fait ſuplier de nous
accorder l'honneur de ſa preſence , pour
à ſes pieds implorer ſa miſericorde , ce

que n'auons peu obtenir , de sorte qu'estant priuee de ceste faueur , nous luy auons faict çauoir lesdites eslections par Monsieur Vallon nostre Confesseur, & depuis par nos lettres missiues, le suppliãt de l'auoir agreable, & de nous accorder sa saincte benediction, surquoy nous attendons ses commandemens , excusez s'il vous plaist, Monseigneur, nos importunitez, & pour vne si grande charité que vous nous auez faite à l'honneur & gloire de Dieu , repos & tranquilité de nostredit Couuent, sa Diuine bonté vous en a reserué la recompence au Ciel : cependant nous continuerons nos tres humbles prieres à nostre Seigneur, pour la grandeur & prosperité de vostre maison : Receuez donc, s'il vous plaist, les veux de

MONSEIGNEVR,

Vos plus humbles obeiffantes, & indignes petites feruantes, les Religieufes de faincte Vrfulle de Dijon.

LEfdites Sœurs dudit Chactillon n'e-
ſtant paruenues auſdites charges de
Superieure & tourriere , qu'elles
auoient exercees par depoſt & commiſ-
ſion dudit Seigneur Reuerendiſſime
Eueſque, deſirerent de ſe retirer en leurdit Couuent, & obtindrent obediance à
cet effet , à laquelle leſdites Religieuſes
dudit Dijon conſentirent, & embraſſant
leurſdites ſœurs, auec vne parfaite charité & dilection , leur proteſterent de per-
dre la memoire de ce qu'elles auoient
ſouffert , à cauſe de leur arriuee audit
Monaſtere, auquel en recherchãt la ſub-
uerſion & aneantiſſement des bulles, Regles & Statuts d'iceluy, elles auoient preparé ſemblables euenemens audit Couuent de Chaſtillon , eſtant leſdites deux
maiſons ſous vn meſme Ordre & profeſſion , duquel depart deſdites ſœurs, fut
dreſſé l'acte capitulaire cy-apres.

AV NOM DE DIEV, Amen.

NOus Superieure & Religieuſes Pro-
feſſes du Couuent de ſaincte Vr-

fulle de Dijon , capitulairement affemblees , apres auoir inuoqué la grace du
fainct Efprit , pour declarer le commandement à nous faict ce iourd'huy 15. iour
d'Aouft , de la part de Monfeigneur le
Reuerendiffime Euefque de Langres,
noftre Superieur, par Monfieur Fiot fon
grand Vicaire & noftre directeur, touchant l'obediance donnee , pour nos
fœurs Geneuiefue de la Natiuité, fœur
Marguerite du fainct Sacrement, fœur
Charlotte de la faincte Croix, & fœur
Claudine de faincte Agathe, pour fe tran-
fporter de ce noftre Monaftere en celuy
de Chaftillon: Elles en ont demandé l'e-
xecution, & nous comme filles d'obeif-
fance, nous leur auons voulu donner ce
contentement. Fait à Dijon le quinzief-
me Auril 1623.

LETTRE MISSIVE A SOEVR

Ieanne Maſoyer de la mere de Dieu cy-
deuant Superieure du Monaſtere de
Saincte Vrſulle de Dijon à preſent Releguee au Conuent du
meſme ordre à Chaſtillon.

MA Sœur L'honneur que tous les
bons Catholiques portent à voſtre ordre & vos perfections, leur ont
faict deſirer voſtre retour audit Conuēt
de Dijon & vos bonnes ſœurs les Religieuſes de ladite maiſon ont contribué
à ces louables intentions tout ce qu'elles pouuoient, ſpecialement pour teſmoigner voſtre innocēce, laquelle à eſté
receuë par des calomniateurs pour vne
deſobeyſſance aux cōmandemēs de voſtre Superieur. A quoy la forme de voſtre depart dudit Dijon à grandement
contribué, & aux ſeruiteurs de Dieu des
ſouſpirs & des larmes par la conſideratiō
des cauſes qui produiſoient ces mouuemens que l'on ne peut veritablement
rapporter qu'à voſtre cōtinuation en ladite charge de ſuperieure. Laquellevoſ-

dites sœurs vouloient maintenir canoniquement & legitimement faite suiuãt
leur regles & constitutions & les prudẽs
conseils que les Regieux des ordres refformez leur en donnoiẽt & neãtmoins
auez tousiours offert de vous desmettre
de ladite charge. Ne desirant de vostre
superieur que sa S. benediction qui est
vne parfaite humilité ce que n'ayãt esté
accepté vous en supportez la peine si
sẽsiblement que pour resister aux effets
des causes secondes auez besoin d'vne
puissance absoluë de Dieu pour vostre
conseruation, qu'il faut attendre de sa
misericorde & bõté infinie. L'on espere
dudit superieur qu'il vous permettra de
demeurer Religieuse audit Conuent de
Dijon. Auquel rẽdãt les vœus de vostre
debuoir vous prierez continuellement
Dieu pour sa grandeur prosperité & sã-
té auec vne perpetuelle obeyssance à ses
commandemens, ce qu'attendant ie su-
plie nostre Seigneur vous donner patience qui est le remede à toutes douleurs.   **FIN**

APPROBATION DE F. G. de Risseaux Docteur en Sorbonne.

IE soubsigné Docteur en Theologie en l'Vniuersité de Paris, certifie auoir leu le present liure, intitulé Recit veritable de ce qui s'est fait & passé en la demission de la Superieure du monastere de S. Vrsulle de la ville de Dijon en l'annee 1623. Lequel ne contient rien contre la foy Catholique Apostolique & Romaine. Faict à Paris ce 22. Iuin 1624. Signé. F.G. DE RISSEAVX

AVTRE APPROBATION des Docteurs de Sorbonne

Nous soubsignés Docteurs en Theologie en l'Vniuersité de Paris certiffions auoir veu & leu vn petit traitté intitulé recit veritable de ce qui s'est fait & passé en la demission de la Superieure du monastere de S. Vrsulle de la ville de Dijon en l'annee 1623. Auquel nous n'auons rien trouué qui soit contraire a la foy Catholique Apostolique & Romaine ny aux SS. Decrets Canons & constitutions ecclesiastiques en tesmoignage dequoy nous auons icy apposez nos signatures ce dixiesme Iuillet 1624. Signé.

F. CHARLES ROVSSEL &
F. LAVRENS DV CHEMIN.

ledit temps inhibitions & deffenses à tous Imprimeurs & Libraires d'iceluy, imprimer ny vendre & distribuer sans la permission dudit Pommeray, à peine de tous despens, confiscation, & amande SI VOVS MANDONS, & à chacun de vous, enioignons que du present Priuilege, vous faites, souffrez & laissez joüyr pleinement & paisiblement ledit exposant, laisant & faisant cesser tous troubles & empesehements, au contraire: Car tel est nostre plaisir. Donné à Paris le douziesme iour de Iuillet l'an de Grace mil six cent-vingt & quatre & de nostre regne le quinziesme signé par le Conseil. Fleury & seellé sur simple queuë en cire iaulne.

ERRATA,

P. 19. l. 10 Seigneut, pour Seigneur.
P. 20 l. 4. apres le mot d'icelles, lisez encore qu'iniquement.
Ibid. l. 5 par lisez pour
P. 22. l. 10. coustumes, pour constitutions
P. 23. l. 15. niotaire, lisez notaire
P. 24 l. 6. representees, lisez representes-
P. 28 l. 10. ostés, le mot leur,
P. 53 l. 11 crainte lisez, contrainte.
Ibid l. 13. contraire lisez aneantie
P. 54 l. 25, apres ce mot pernicieuses, lisez, en l'ellection.
Ibid l 26. oltez ce mot en l'Eglise.
P. 55. l. 22 ostez ce mot veuillent.
p. 60 l. 1. Regles, lisez Religieux.
Ibid. l. 12 audictes, pour ausdictes.
p 65. l. 12. du, pour de.
P. 66 l. 9. Relieux, pour Religieux.

Ibid. l. 10. Deterouome, pour, Deuteronomé
p. 72. l. 13. petenrions, pour, preuention.
p. 75. l. 22. faut oster ces mots, comme il le croit,
p. 94. l. 4. foustenir, pour, soustenir.
Ibid. l. 2. de la procuration. gard enotaire, pour gardenotte
p. 97. l. 2. gardenot. pour gardenotte
Ibid. l. 8. satisfations, pour, satisdations.
p. 98. l. 19. ingere, pour, l'ingere
p. 100. l. 3. Icelle, pour, Icelles.
Ibid. l. 15. renuoyee en iceluy, pour, enuoyee en celuy.
p. 101. l. 8. satisfactions, pour, satisdations.
p. 102. l. 12 Brobation pour, probation.
Ibid. l. 20. inuention pour inuentions.
p. 103. l. 12. apres Theologie adioutés, lesquels.
Ibid. l. 14. au lieu de ces mqts, lesquels y apporterent, lisez, auec.
p. 104. l. 19. Zachel, pour, Zachiel.
Ibid. l. derniere, Tebillon, pour Trebillon.
p. 105, l. 8. faut oster, ditte,
Ibd. l. 26. designee pour desniee.
p. 106. l. 15. Signiffie, pour, Signiffié.
p. 107 lr 12. rrecouurir pour recourir.
p. 108. l. 15. Ordonnances. pour, Ordinaires.
p. 113. l derniere, restabliroit pour restitueroit
p. 114. l. 20. Doncrieux, pour, Doncieux.
Ibid. l. 11 ledit exereice, pour l'exercice.
p. 116. l. 18. adioustes, &, deuant, ausdictes,
p. 117. l. 10. receuoir, pour recourir.
p. 118. Saincteré pour santé.
p. 120. l. 4. prosternes, pour prosternees.
p. 126. l 2. & pour, est.
Ibid. l. 7. apres le mot contraire, lisez ce que n'ayant vou-
accepter, vous en supportes.
Notes qu'il y à equiuoqué au nombre des pages, des le
nombre premier de 91. iusques à la fin du liure.